稲田秀樹 著

認知症の人の〝困りごと〟解決ブック

本人・家族・支援者の気持ちがラクになる90のヒント

中央法規

はじめに

認知症になると「何もわからなくなる」「何もできなくなる」と思っている人がいますが、そんなことはありません。認知症によって脳の一部の機能が障害されても、その人のなかに残された「生きる力」を見極めて支援することで、認知症になってからでも充実した日常を送ることができます。

認知症の人が生きづらさを感じているのは、認知症を引き起こす病気そのものに理由がありますが、周囲の環境やかかわる人の無理解や偏見が生きづらさを助長してしまうこともあります。認知症の人は病気の自覚（病識）がないと思われがちですが、筆者の経験では決してそんなことはなく、認知機能の低下に気づきながらも、相談できずにいる人が少なからずいると思われます。

認知症という病気には多くの種類があり、また一般にいわれている症状の現れ方も、人によって違います。一人ひとりは千差万別で、個別性が強い存在です。認知症の状態になってもそれは同じで、病気の進行に伴い、さまざまな症状が現れます。この症状の現れ方も決して一様ではなく、その人の性格や暮らしている環境によって異なります。それはまるで個性の表れであるようにも見えることがあります。

認知症になった人が、気持ちが落ち込んだり、落ち着かなくなったり、イライラを隠せなくなったときに、かかわる人がこの病気のことを理解していて、認知症になった人が陥りやすい心理状態を推察できて、心が安らぐかかわりができたら、当事者の人たちの困惑も減って、家族や介護や医療でかかわる人たちにも安心が訪れるかもしれません。

この本のなかには、認知症の人の90の「声」が書かれています。事実に基づいた「声」もあれば、実際の声を想定した想像の「声」もあります。この本では、認知症の本人の「声」を手がかりに、どのような状況のときに、どうすれば、認知症の人の感じている生きづらさや困りごとを軽減したり、解消したりできるのかについて、できるだけていねいに、できるだけたくさんの状況や場面を想定して、具体的なヒントを提示しています。

この本は、どのような立場の人が読んでも理解しやすいように、できるだけわかりやすい表現に努めました。はじめから読んでもよいですし、関心のあるエピソードのあるページをめくって読んでもかまいません。自宅や施設で、認知症とともに歩んでいるさまざまな立場の人の手にこの本が届いて、本棚や居間の手に取りやすいところに置かれ、ことあるごとに手に取って、その都度足元が照らされたように感じ、暮らしのなかに安心と笑顔が広がってくれればありがたく思います。

二〇二三年八月
稲田秀樹

推薦のことば

1980年代は、認知症の医療やケア・介護の現場では本人の「生活の質（QOL）」をよりよくするという視点が十分ではありませんでした。本人のつらい気持ちに想いが及ばず、家族の介護負担を軽減することばかりを考えていたのです。本人に「今日は何をして過ごそうか」などと尋ねることもなく、こちらの提案するケアを受けてくれるように「誘導」・「説得」するのが関の山でした。

そうした時代に比べれば、まだまだ十分とはいえないけれど、認知症の人を取り巻く環境は多少なりとも改善してきています（施設や事業所によって大きな差があるけれど）。本人を気遣うことができる人も、本人の要望を踏まえた支援をする人も増えてきていると思います。

こうした状況の変化を引き起こした背景には、近年の認知症の人たちの数多くの発信があると思います。以前は「認知症の人はいずれ何もわからなくなる」と決めつけていたけれど、当事者からの発信がその認識を変えつつあります。

そして、認知症の人たちの発信に触れるたびに、まだまだ私たちにはできることがあることを知ることになりました。私たちの提供するケアやその方法を現場に発信することによって、認知症の人の生活の質・人生の質を高めることができると考えます。

稲田秀樹さんが本人、家族、支援者に向けて著した本書は、そのヒントを学べる一冊です。

稲田さんはデイサービスを運営するなかで、数多くの本人や家族とかかわり、当事者たちが直面するさまざまな課題を目の当たりにし、さまざまな声を聞いてきました。その経験がもとになった本書は、認知症ケアにかかわる多くの人にケアの手がかりを与えるものと思います。

もちろん、認知症ケアには一つの答えがあるわけではなく、認知症の人の数だけ答えがあります。ですから、特定の場面の対応が同じ場面に活かせるわけではありません。反対に、ある認知症の支援の考え方は、他の事例にも活かせる可能性があります。特定の場面での支援に困ったとき、本書で同じ事例を探すのではなく、本書の一例一例の考え方を理解することが役立つのです。

最後に認知症のケアに関して、私から助言をさせてください。「認知症の本人は最後まで病識がある」、そして「どんなに認知症が進行しても私たちの優しさを感じ取ることができる」と信じて寄り添ってください。あなたの想いは直接に認知症の人の心に届きますから。

東京慈恵会医科大学 精神医学講座 教授
繁田雅弘

目次

第2章 認知症の人の困りごとを解決するヒント

ごく軽度の認知症の人の困りごと

軽度の認知症の人の困りごと

軽度から中度の認知症の人の困りごと

中度から重度の認知症の人の困りごと

第１章
認知症の人の生きづらさを解決する手がかりとは

1 「思い出せない」を深掘りしてみる

覚え、記憶し、思い出す

記憶には、覚え、記憶し、思い出すという三つの段階があります。見たり聞いたりしたことを覚えることを**記銘**または**記銘力**といいます。記銘というのは使い慣れない言葉ですが、子どもの頃、何度も復唱して九×九の計算式を覚えたように、意識して覚えることで、脳の中に「記憶」が蓄えられることをいいます。

次に、蓄積された「記憶」を思い出すことを**想起**といいます。記憶は脳の中の記憶をつかさどる領域の「海馬」という場所に収められています。海馬には、思い出すためのたくさんの引き出しがあって、「想起」とは、思い出したい記憶を取り出すことだと思ってください。

よく「度忘れ」といいますが、これは「記憶」したことを思い出そうと試みるものの、うまくいかない状態のことです。「海馬」に格納された「記憶」を思い出せない、つまり記憶の引き出しを引っ張り出す取っ手が見つからない状態です。大事な人の名前を思い出そうとしても、なかなか思い出せなかったのに、後になってふと思い出したりします。そのように、ふとしたときに記憶の取っ手の引き出しが見つかって思い出すことができるというわけです。

泊まっているホテルの部屋番号を覚えておかないと困ったことに…

もう少し具体的に記銘力について説明しましょう。記銘力とは、簡単にいうと、**新しいことを意識して覚えること**です。たとえば、旅行に行ったときなど、泊まっているホテルの部屋番号を覚えておかないと、後で困ったことになります。大浴場に行ったり、レストランで食事をした後、どの部屋に泊まっていたのかわからなくなって困ったという経験は、高齢になった方なら比較的あるのではないでしょうか。

ホテルの部屋番号というのは、普段生活するうえでは特段に意味のない三桁や四桁の数字なので、意識して覚えようとしなければ、なかなか覚えられません。仮に部屋番号が「0714」だとして、泊まっている間は覚えていても、宿泊を終えてからは思い出す必要がなくなります。

人の脳には、覚えていたいことだけを覚えていられるしくみが備わっています。しかし、アルツハイマー型認知症などが進行すると、海馬の神経細胞が脱落してしまって、だんだんと覚え込むことが難しくなっていきます。記憶に格納することが困難になれば、思い出すこともできなくなります。アルツハイマー型認知症の初期の人では、この記銘力に障害が起きて、覚えることが難しくなっていきます。

2 記憶の不思議な世界

失われやすい記憶と保たれやすい記憶

記憶障害があるからといって、記憶したことのすべてが思い出せなくなるわけではありません。意外と知られていないのが、記憶にはいくつか種類があって、認知症のタイプにもよりますが、思い出すことが困難になり失われやすい記憶と、保たれやすい記憶があるということです。

たとえば、アルツハイマー型認知症であれば、昔の記憶（**長期記憶**）はありありと思い出せる一方で、ついさっきのこと（**短期記憶**）を思い出せないということが起こります。また、家族で旅行に行ったときに体験したような思い出の記憶（**エピソード記憶**）も、アルツハイマー型認知症では失われやすいといわれています。その他、歩き方や自転車のこぎ方、箸や鉛筆の持ち方、服を着るときの袖の通し方やズボンをはく動作など、身体が覚えている動作の記憶（**手続き記憶**）も、認知症になっても保たれやすいのが特徴です。

そしてもう一つ、認知症になっても障害されにくい記憶に、「**情動記憶**」があります。情動記憶は感情の記憶といわれ、快楽や不快な体験にかかわる記憶です。不快な体験や恐怖を覚えた体験ほど、情動記憶に刻まれやすいといわれています。

図　失われやすい記憶と保持されやすい記憶（アルツハイマー型認知症の場合）

記憶の種類	記憶の状態	障害の程度
記銘力	覚え込むこと	失われやすい
短期記憶	ついさっきの記憶	失われやすい
エピソード記憶	個人的な体験の記憶	失われやすい
長期記憶	昔の記憶	保たれやすい
手続き記憶	身体が覚えている動作の記憶	保たれやすい
情動記憶	感情の記憶	保たれやすい

蓄積された不快な感情

情動記憶は脳の「扁桃体」という部位と記憶をつかさどる「海馬」が位置的に隣接しているので、相互に作用し合っているといわれています。扁桃体は好き嫌いの感情、不安や恐怖に対する反応に関与します。

ここで、介護や医療の従事者の方や、家族の方に気をつけていただきたいことがあります。それは、本人の失敗を否定したり、無理な介助をしたり、叱ったりしないことです。それが続くと、**不快な感情として情動記憶に刻まれてしまうこと**があります。また、入浴介助のときに強引なケアをしたり、本人のプライドを傷つけるようなことをしていると、そのときの体験を覚えられなくても、浴室に入っただけで身をすくめたり、介助を拒否したりする原因になります。

それは扁桃体に蓄積された不快な体験が、不快な感覚として思い起こされることによって起きる症状なのです。このようなケースでは、逆に、かかわり方を見直すことで、介護拒否などの症状が軽減することがわかっています。

3 認知症の疾患別の症状と特徴

アルツハイマー型認知症

記銘力の低下、短期記憶、エピソード記憶が障害されるが長期記憶、手続き記憶は保たれる。時間、曜日、場所を認識する力が低下する。数えられない、動作ができない、空間を認識しづらくなるなどの症状が時間の経過とともに増えていく。

レビー小体型認知症

小動物や子どもなどの幻視が見られる。夜間に大声を上げたり寝言を言ったりする。小股歩行になり転倒しやすくなる。自律神経症状によって血圧が上がったり起立性低血圧を起こしやすくなる。初期には記憶障害を伴わないことが多い。

前頭側頭型認知症

同じ行動を繰り返し同じコースを1日に何度も歩く。食事の嗜好が変わり甘いものばかり食べたがる。言葉を話せなくなる。自発性が低下する。抑制が効かなくなり社会的なルールを逸脱しやすくなる。記憶障害は比較的軽度。

血管性認知症

脳梗塞、脳出血等の後遺症として認知機能の障害が起きる。脳の損傷された部位によって症状が異なるが、記憶障害、意欲の低下、歩きにくさ、失語、感情の動揺性などが現れやすい。病識や新しいことを覚える力（記銘力）は保たれることがある。

治療により改善が可能な認知症

・アルコール性認知症

長年の過剰なアルコール摂取によって認知機能の低下をきたす。断酒によって改善または認知機能低下を防ぐことができる。

・突発性正常圧水頭症

脳の中に水（脳脊髄液）がたまることで、歩きにくさ、もの忘れ、尿失禁が起きる。手術により改善が可能。

・外傷性硬膜下血腫

頭部外傷後に脳の硬膜下に出血が起きることで生じる。頭痛、もの忘れ、意欲の低下、歩きにくさなどさまざまな症状が起きる。手術により改善する。

・治る認知症として、その他にも、脳腫瘍、甲状腺機能低下症、うつ病（仮性認知症）、糖尿病性認知機能障害、ビタミンB12欠乏症などがある。

4 「中核症状」を知っていますか？

中核症状って何？

中核症状とは、脳内の神経細胞が壊れ、脳のはたらきが低下することによって起きる症状です。記憶障害、見当識障害、理解・判断力の障害、実行機能の障害などがあります。

私たちは生きるうえで、さまざまな脳の機能を使っています。出来事を記憶したり、時間や場所を把握したり、出会った人の名前や顔を認識したりしています。中核症状とは、認知症の疾患によって、このような脳の機能が低下したり、損なわれることによって直接起きる症状のことをいいます。

見当識とはどういうこと？

見当識とは、時間や曜日、場所や人物を認識する力のことをいいます。いま何時なのか、今日は何曜日なのかが、認知症になるとわかりにくくなります。記憶が失われると連続した時間の流れを覚えていられなくなり、現在の時間や曜日の特定が困難になります。

場所の見当識が低下すると、道に迷いやすくなります。道に迷うのは、歩いてきた道のりの記憶が失われてしまうために、いま自分のいる位置の特定が困難になることで起きます。街並みの記憶そのものが失われてしまうことあります。それを**街並み失認**といいます。疲労などから**注意力の低下**が起きていると、さらに道に迷いやすくなります。また、視空間の障害が起きてくると、空間が歪んで見えたり、遠近感が捉えにくくなります。

人物を見分ける見当識が低下すると、人の顔を認識する機能が低下してきます。**見当識は夕暮れから夜間に低下しやすい**のが特徴でもあります。

物事を成し遂げることが困難になる

認知症になると、考えたり判断したりする能力にも支障が出てきます。考えるスピードが遅くなり、考えをまとめるのに時間がかかるようになります。また、料理をしようと思って材料を買い、包丁で食材を刻んで、鍋で煮込み、味付けをして器に盛り付けるといった一連の作業ができなくなることを、**実行機能障害**といいます。

実行機能が低下すると、洗濯機を回しながら同時に部屋の掃除をするというように、複数の作業に注意を向けることが困難になります。

新しいものに柔軟に対応すること難しくなるのも、実行機能の障害です。洗濯機やテレビ、ＩＨクッキングヒーターなど、機器が新しくなってから使えなくなってしまうことが、認知症の初期の段階から起きてきます。

5 認知症の人の行動には理由がある

一見不可解に思える行動にも意味と理由がある

テーブルを叩いている人がいます。一見すると理由もなくテーブルを叩いているように見えても、その人にとっては何らかの理由があるのです。しかし、失語があるため、それをうまく話すことができないのかもしれません。お腹が空いているのかもしれません。トイレに行きたいのに人を呼んでも来てくれないので、テーブルを叩いているのかもしれません。

認知症の人の行動には理由と背景があると考えて、**その人の行動やサインから「理由」を推測することができるようになると、**ケアを組み立てられるようになります。

認知症の人の症状はその人が発しているSOSのサイン

認知症の症状は大きく、**中核症状と認知症の行動・心理症状**（BPSD）に分けられます。認知症の行動・心理症状は、本人の性格や環境、体調、心理状態に影響されて起きるために、その原因は複雑でわかりにくいとされています。

しかし、普段からかかわりのある人であれば、認知症の人の発する言葉や仕草、行動の背景を把握することで、「認知症の行動・心理症状」の理由を推測することが可能です。**本人の声や仕草や行動は、本人なりのSOSの発信**なのだと理解することが、解決への近道です。

妄想などの精神症状がある人へのかかわり方

認知症の比較的初期に起こりやすいのが「もの盗られ妄想」です。おかしなことを言っていると家族が諭すと、その思い込みが覆ることがないばかりか、かえって被害感情が高まってしまうことがあります。もの盗られ妄想は、海馬の機能が低下して記憶障害が起き、財布や通帳などの大事なものをしまい忘れて、家族などに盗られたと思い込むことで生じます。親身になって世話をしてくれている家族などの特定の人が対象になりやすいのが特徴です。認知症になるまで自分一人で生計を組み立てていた人、間違いを嫌う完璧主義の人、人に頼るのを嫌う傾向のある人はもの盗られ妄想を起こしやすいといわれています。

もの盗られへの対応策としては、**本人の言動を否定をしないこと**（肯定するということではありません）、対象になった人以外の人がケアにかかわること、デイサービスなどの介護サービスを利用して、本人と家族の接触を減らすことなどがあります。

もの盗られ妄想はなかなか改善しないことが多いのですが、記憶障害が進行すると、盗られたという思い込みが薄れて、やがて妄想状態も消失します。

6 認知症の薬物療法

認知症治療薬にはどんなものがあるのか

ここでは、認知症の人に処方される薬について説明します。認知症治療薬といっても、認知症を根本から治す薬ではなく、薬を服用していれば、進行を遅らせたり、一定程度改善させたりする効果があるというものです。

現在、認知症治療薬として認可されているものとして、アルツハイマー型認知症およびレビー小体型認知症に使用される薬で商品名「アリセプト」（後発品：ドネペジル）、「レミニール」「リバスタッチパッチ」「イクセロンパッチ」があります。また、アルツハイマー型認知症の中等度以降に進行を抑制させる効果がある薬として、「メマリー」があります。「アリセプト」と「メマリー」には価格の安い後発品が認可されています。また、血管性認知症の人には、高血圧の改善薬や、血管内の血液の状態を改善させる薬が使用されることがあります。

幻覚や妄想などの精神症状に使用される薬

幻覚や妄想などの精神症状には、統合失調症に使用される「抗精神病薬」が使用されることがあります。ただし副作用が強く出ることがあるため、服用後の症状の改善と副作用の状態をていねいに見ていく必要があります。

図　認知症治療薬一覧

	適用	製剤名	形状	製薬会社
アリセプト	アルツハイマー型認知症、レビー小体型認知症	ドネペジル	錠剤、OD錠	エーザイ
レミニール	アルツハイマー型認知症、レビー小体型認知症	ガランタミン	錠剤、OD錠	ヤンセンファーマ
リバスタッチパッチ	アルツハイマー型認知症、レビー小体型認知症	リバスチグミン	貼り薬	小野薬品工業
イクセロンパッチ	アルツハイマー型認知症、レビー小体型認知症	リバスチグミン	貼り薬	ノバルティスファーマ
メマリー	アルツハイマー型認知症	メマンチン	錠剤、OD錠	第一三共

＊1…「アリセプト」には後発品として商品名「ドネペジル」、「メマリー」には後発品として「メマンチン」が認可されています。

＊2…OD錠は口腔内崩壊錠といわれ、口の中に入れるとすぐに溶け、唾液で溶ける錠剤

「抗精神病薬」の服用による副作用として、「発熱」「身体のこわばり」「話しづらい」「よだれが出る」「首や体幹が曲がる」などが起きることがあります。服用後の経過を見ながら、副作用と思われる症状が現れたら、医師や薬剤師に相談してください。

怒りっぽさなどの認知症の行動・心理症状に効果がある薬として、抗てんかん薬が使用されることがあります。漢方薬の「抑肝散《よくかんさん》」は、怒りっぽさやイライラ、興奮しやすさがある人に処方される薬の一つです。抑肝散は抗精神病薬のような副作用の心配が少ないことから、内科のクリニックなどでも処方を受けることができます。

しかし、薬による治療だけで認知症の行動・心理症状の改善が図れるものでもありません。適切なケアや音楽やアート、過去を懐かしむ回想、家事や清掃活動などを取り入れた生活療法が行動・心理症状に効果的といわれています。

7 無理解と偏見を超えて

認知症が進行したら何もわからなくなる？

「認知症になると何もわからなくなる」「認知症にだけはなりたくない」など、一般的に認知症に対するイメージはネガティブなものが多いと思います。最近では、「認知症ゼロの町」を標榜して選挙に立候補する人も現れるほど、認知症は社会的な関心の高いテーマになっています。いまだ明確な治療法も予防法も確立されていない病気を取り上げて、「認知症ゼロの町」とはどういう町なのでしょうか。

テレビなどの報道でも、関心をひくために、行動・心理症状が出ている場面を放映することが多くみられます。その背景まで説明してくれるならよいのですが、そうではなくて、「認知症になると大変」だというイメージ映像として使用される傾向があるのは残念なことです。

認知症を正しく理解するために

認知症があっても軽度のうちは自宅で普通に生活している人はたくさんいます。それでも、生活上の工夫によって認知機能の低下を補っていたり、友人や近所の人にサポートしてもらったり、一人では難しいところは介護保険のヘルパーと一緒に行ったりすることで、通常の生活を送ることができます。

軽度の人の生活の困難さと中重度の人の生活の困難さはそれぞれ違いますし、それらのどちらが大変かという問題でもありません。認知症の人一人ひとりの声に耳を傾け、わかろうとするところから始める必要があります。

39歳で若年性アルツハイマー病を発症した丹野智文さんは、２０２１年に鎌倉で行ったオンラインの講演「認知症の私から見える社会」でこのように話しています。「もっと当事者の声を聞いてください。できることはさせてあげてください。この病気を体験しているのは家族でも医療者でも介護職でもありません。あくまで当事者なのです」。丹野智文さんの言う通りで、当事者の声に耳を傾けなければ、認知症の人の生きづらさはいつまでも解決しないでしょう。

２０２５年には認知症の人の数が７００万人に達するという国の推計が出ています。この本を手に取っている人も、周囲を見渡せば、家族や親戚、友人、近所に認知症になっている人がいるはずです。

9月21日は認知症の日

毎年、９月21日の世界アルツハイマーデーには、日本中の歴史的建造物や公共の建物、公園などが認知症を応援するテーマカラーであるオレンジ色にライトアップされます。９月を世界アルツハイマー月間と決めて、さまざまな認知症を知る取り組みを行う自治体も増えています。

２０１９年の世界アルツハイマーデーでは、赤レンガの神奈川県庁本庁舎が初めてオレンジ

世界アルツハイマーデーイベントで歌う「ヒデ2」（ヒデツー）

色にライトアップされました。その日の記念イベントでは、若年性認知症の当事者である近藤英男さんと支援者である私とで結成した1970年代のフォークソングを歌うグループ「ヒデ2」（ヒデツー）がライトアップを記念するライブを行いました。認知症の人と支援者が同じ目線に立って、認知症になっても大丈夫な町をつくろうと声を発した日になりました。

現在、近藤英男さんは認知症が進行して演奏活動から退いていますが、近藤英男さんと私とで行った「ヒデ2」のライブは、3年半の間に100回を超え、講演活動も含めて延べ4000人の人に認知症の人の思いと歌声を届けました。

認知症基本法の成立

2023年6月14日、国会で「認知症基本法」（共生社会の実現を推進するための認知症基本法）が成立しました。認知症基本法では、「国民は、共生社会の実現を推進するために必要な認知症に関する正しい知識及び認知症の人に関する正しい理解を深めるとともに、共生社会の実現に寄与するよう努めなければならない。（第8条）」とされています。

この法律ができたからといって、認知症の人や家族の暮らしがすぐによい方向に変わるとは思えませんが、認知症基本法の名称にあるように、この法律は、認知症がある人も、そうでない人も、この国に暮らす全ての人が、認知症の理解を深め、ともに支え合う社会の実現を目指していると理解できます。

認知症基本法では9月21日を「認知症の日」と定めたほか、認知症の当事者と家族等による関係者会議を設置して意見を聞くようにすることも定めています。このことは、これまで認知症になると「何もわからなくなる」「何もできなくなる」と思われていた人たちの「声」を聴く土台ができたと、私は理解しています。

認知症とともに生きる共生の町であるために

認知症とともに生きる共生の町を実現するためには、たとえ解決が困難だと思われても、認知症の当事者の人たちが日々体験している「生きづらさ」や「困りごと」、「家族の苦労」を介護や医療の支援者だけでなく、市民も理解し、共有することが必要になります。そのためにも、認知症の人と家族、市民、医療職や介護職が同じ目線に立ち、ともに汗を流しながら、認知症の人の尊厳を大切にしながら、当事者たちの〝生きづらさ〟を解決していくアクションがどこかの町で生まれ、風に舞う種子のようにそれらが全国へと飛んでいき、根づいてほしいと、私は思っています。

8 稲田流　認知症の人とのかかわり方7つの心得

①認知症の人の声に耳を傾けよう

何気ないような言葉でも耳を傾ける習慣を身につけておくと、本人との信頼関係が深まり、コミュニケーションが円滑になっていきます。

②認知症の人の行動の理由と背景をチームで探ろう

本人の不可解に思える言動や行動の理由や背景を家族や主治医、ケアのチームとともに探求してみることで、チームのまとまりが生まれます。

③認知症の本人と笑顔を分かち合おう

少しの時間でもよいので、楽しいこともつらいことも共感し合える時間をもつようにすると、認知症の人も家族も支援者も心の励みになります。

④間違っていても本人を否定せず受け止めよう

本人の言っていることが事実と違っていても、否定せず受け止め、混乱が見られるときには事実を正しく伝えることで、良好な関係を継続することができます。

⑤認知症の本人の生きる力、できる力を信じよう

何もできないと決めつけないで、自発性を尊重し、できることをしてもらうようにすると、生きる励みや張り合いが生まれて、不安症状の軽減につながります。

⑥本人とともに生活環境を整えよう

認知症があっても、本人とともに生活しやすい工夫を考え、環境を整えれば、在宅生活を継続することが可能になります。

⑦認知症の人と家族をともに支えよう

認知症の人の家族は本人の一番の応援者です。家族が認知症の理解不足からストレスの多い状況にならないように、本人とともに家族を支える視点が大切です。

第2章

認知症の人の困りごとを解決するヒント

ごく軽度

1 思い出せない

ごく軽度の認知症の人の困りごと

なぜ？ 記憶することが難しくなる

記憶障害は、主に認知症を引き起こす疾患によって、脳の海馬に萎縮が起きることで生じます。私たちは記憶を頼りにして生活しています。記憶には、覚え込むこと「記銘」、思い出すこと「想起」、記憶しておくこと「保持」の3つの段階がありますが、そのいずれかができなくなると、思い出せなくなるのです。アルツハイマー型認知症の場合では、海馬の萎縮によって、病気の初期のうちから、「記銘力」に支障が起きてきます。そのため、新しい出来事を記憶することが困難になり、だんだんと日常生活にも支障が生じます。

解決のヒント 1

忘れても大丈夫な対策を考えよう

友人と食事をしたことは覚えているのに、そのときのお店や会話の内容が思い出せないというようなことが起こります。認知症のごく初期の人なら、日記を書いたり、忘備録のメモ帳を持ち歩いたり、行った場所や会った人をスマートフォンで写真に残しておくという方法もあります。

解決のヒント ２

こちらが覚えているから大丈夫！

真面目な人ほど、どうしても確認したくなって、何度も同じことを聞いてしまいます。そんなとき、「さっきも言ったじゃない」と言われると、本人はいたたまれない気持ちになります。認知症になっても感情は保たれているので、否定されたり、不安を助長するようなことを何度も言われると、気持ちが深く落ち込んでしまいます。マイナスの感情は情動記憶に刻まれ、尾を引くように印象に残ります。気持ちが落ち込むと、人と接するのを怖く感じてしまいます。もしあなたが、何度も同じことを聞かれたら、「**私が覚えているから大丈夫だよ**」と言ってあげてください。認知症の人が忘れてしまっていても、家族や友人などの周囲の人が覚えていれば、不便ではあるけれども、これまで通りの日常生活を送ることはできます。

マイナスのかかわり方

□誇りを傷つける
□急がせる
□きりきりする
□怒り顔
□一人きりにする
□手を出す
□口を出す
□否定
□説得
□一度にたくさん
□何もすることがない
□刺激がない

プラスのかかわり方

□失敗はそうっと、見て見ぬふり
□ゆったり
□お茶でも一服
□にっこり
□そばにいる、一緒にやる
□少し待つ
□黙って見守る
□話を合わせる
□本人の気持ちが動くシナリオで
□ひとつずつ
□出番、楽しみごとをつくる
□五感や感情に働きかける

ワンポイント解説

地域の家族会や認知症カフェや認知症支援を行っているボランティアグループとつながってみることも大切です。**自分たちに合ったセーフティネット**をつくっていきましょう。

ごく軽度

2 大事なものが見つからない

ごく軽度の認知症の人の困りごと

なぜ

注意力の低下が起きている可能性

いつも置いてある場所に大事なものがないと気がついて、探したけれども見つからない…。認知症の初期の頃には、そうしたことがよく起こります。さんざん探し回った結果、いつも座っている食卓のテーブルの上にあるのを見つけたりすることもあります。

こうした場合、背景として記憶の障害に加えて、注意力の低下が起きていることが考えられます。部屋の中の雑多なものに目を奪われて、**すぐ目の前にあるものに注意が向けられなくなっているのです。**

解決のヒント 1

室内を整理しておこう

室内が散らかっているだけで、注意力が散漫になります。ものが雑多にあると、目の前にあるものを見つけられないということが起こります。注意力の障害が見つけにくさの背景にある場合、**室内を整理整頓**しておけば、ものを判別しやすくなり、「見つけにくい」という生活上の支障を小さくすることができます。

そして、ものを失くすたび家族に聞くことが少なくなれば、お互いのストレスが軽減し、気持ちよく暮らせるようになるでしょう。

解決のヒント ２

片づけられない理由を理解しよう

いざ片づけようと思っても、実行機能障害によって、整理整頓が難しいという状況が起こることもあります。部屋を片づけるためには、必要なものと不要なものを選別したり、片づけるべき場所に収めたりする必要があります。しかし、片づけている途中で、**片づけようと思ったこと自体を忘れてしまう**こともあります。認知症の本人の立場から見てみると、「自分の部屋くらい自分で片づけなければ…」という心理がはたらき、家族やヘルパーの介入を避ける傾向もあって、作業を遂行できないという悪循環が起こってしまいます。

ワンポイント解説

「自分で片づけなければ…」という気持ちから人に任せられず、片づけたくても片づけられない場合があります。

そんなときほど焦らずに、室内にある写真を見ながら、思い出を話したりしながら、少しずつ片づけを進めていきましょう。親しい間柄であっても、信頼関係づくりから始めましょう。

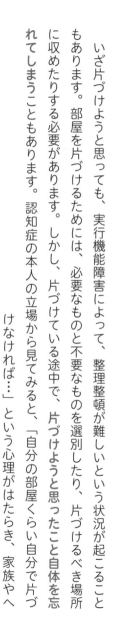

ごく軽度の認知症の人の困りごと

3 外出先で帰り方がわからなくなった

ごく軽度

なぜ

視空間の障害などにより道に迷いやすくなる

アルツハイマー型認知症の人に多いのが、空間を捉えにくくなる障害です。目の病気がないのに、遠近感が捉えにくくなり、空間が歪んだように見えてしまう人がいます。これを**視空間の認知障害**といいます。

アルツハイマー型認知症になると、頭の中で地図を組み立てる機能が低下して、道に迷いやすくなるといわれています。建物や街並みの記憶が失われていくと、街並みの認識が難しくなります。さらに、注意力が低下すると**歩きなれた街の中でも道に迷ってしまう**ことがあります。道に迷うと、帰りたい気持ちが募って、どんどん早足になることがあり、結果的に家とは違う方向に歩き続けて、帰れなくなってしまうことがあります。

解決のヒント 1

外出するときのアイテムをそろえておこう！

外出ができなくなると、生活に刺激やハリが少なくなってしまいます。意欲が低下して家に引きこもっていると、次第に認識力の低下をきたすことがあります。生活の延長線上の外出をあきらめたくない人は、**外出するときの手順を普段から考えておく**とよいでしょう。たとえば、目的地までの道順を描いたものを用意しておく、電車に乗るときに使うＩＣカード乗車券をセットしておく、などです。外出するときのアイテムをそろえておきましょう。

解決のヒント 2 ヘルプマークを身につけて周囲の力を借りよう

外出先で道に迷ってしまい、帰り方がわからなくなったときの対処法を考えてみましょう。一度でも道に迷った経験があるなら、恥ずかしがらずにヘルプマークを身につけましょう。これは、外見でわかりにくい障害がある人でも**サポートを受けやすくなる**ように、という目的でつくられたものです。自治体の福祉課などに問い合わせれば、入手方法を知ることができます。市町村によっては無償で配布しているところもあります。認知症だけでなく、高齢になったり、病気で生活に支障が生じている人でも身につけることができます。

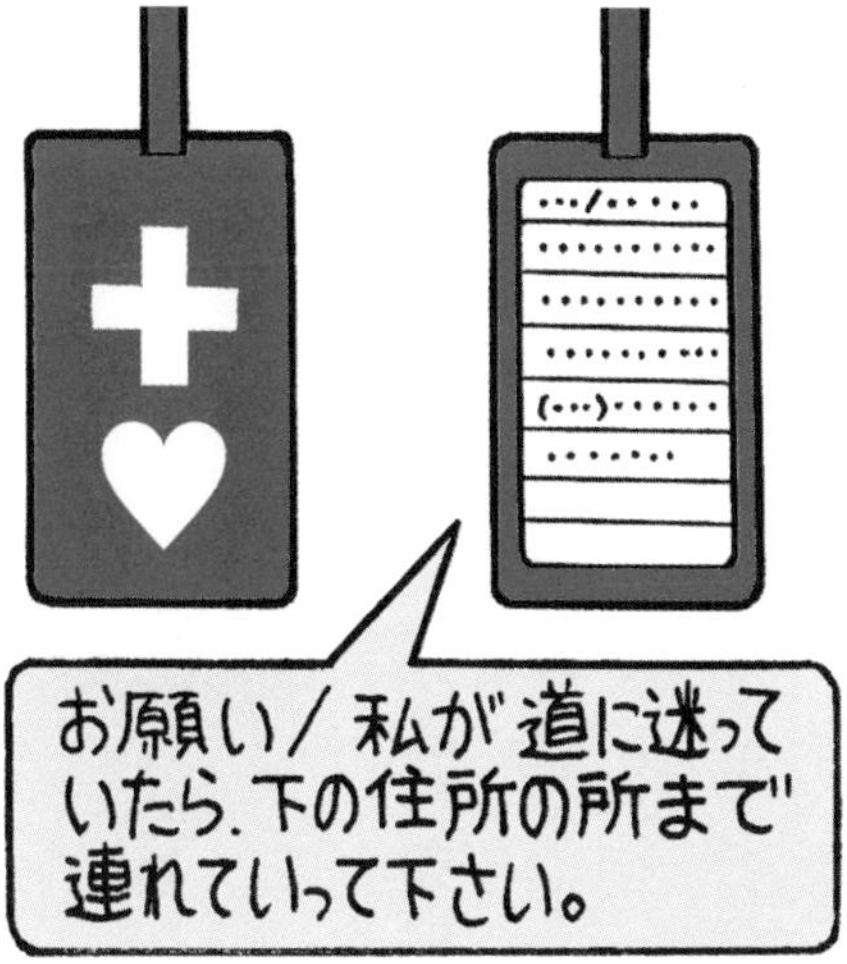
お願い！私が道に迷っていたら、下の住所の所まで連れていって下さい。

ワンポイント解説

道に迷ったときの対処法や、住所、電話番号などをメモに書いて、「お守り」のように持ち歩くのもよいでしょう。困ったときにそれを人に見せれば、解決につながることがあります。

ごく軽度の認知症の人の困りごと

4 目の前の人の名前が思い出せない

ごく軽度

なぜ？

見当識の低下で見慣れない人の顔が判別しづらくなる

顔は覚えているのに名前が出てこないと、会話をしていても落ち着きません。ソワソワと不安になったりもします。認知症の有無にかかわらず、人の名前が出ないことはよくありますが、やはり目の前の人の名前がわからないのは困りますね。

名前が出てこない原因は、**「覚える」「記憶する」「思い出す」機能のどこかに支障が生じているからです**。海馬が萎縮していると、新しいことを覚えられない障害（短期記憶障害）が起きることがあります。

解決のヒント 1

思いきって名前を聞いてみよう！

普段よく会う人の顔と名前が一致しないと心配になってしまいますが、高齢になると思い出せないことは誰にでもあります。どうしても、相手の名前を思い出せなくて心配になるなら、**思い切って名前を聞いてみましょう**。案外相手側は気にしていないことが多いものです。

そのときには、メモを取ることを忘れないようにしましょう。そうしないと、何度も名前を尋ねてしまいそうですからね。また、その日会う人の名前をメモに書いて持っているだけでも、確認するときの手がかりになります。

解決のヒント 2 名前がわかる工夫をしよう！

会う予定の人の名前を、名簿のように、あらかじめ紙に書いて持っておくと、わからなくなったときにそっとその紙を見て思い出せるかもしれません。何人かで同じテーブルを囲む場であれば、事前に主宰者の人に話して、名前を書いた紙を席の前に置いてもらったり、名札を付けてもらうとよいでしょう。自分をよくわかってくれている家族や友人などに同席をお願いできると、わからないことがあったときにいつでも聞けるので、より安心でリラックスできますね。

また、考え方を変えて、**相手の名前がわからなくても、相手はこちらをわかっている**のだからよいと思えば、気持ちが楽になるものです。

ワンポイント解説

いざというときに、同席してもらえる友人などには、最近もの忘れが増えていて困っていることや、認知症の診断を受けたことなどを事前にきちんと話しておくとよいでしょう。

ごく軽度の認知症の人の困りごと

ごく軽度

5 玄関の鍵のかけ忘れが心配になる

なぜ？ 普段何気なく行っている行為は記憶に残りにくい

認知症の人でなくても、普段無意識に行っている行為は記憶に残りにくいものです。家を出て少ししてから、鍵を閉めたかどうかが心配になったことは、多くの人が経験していると思います。

認知症になると、**意識してもなかなか記憶に刻まれなくなります。**注意力の低下などから、鍵のかけ忘れが増えたり、ついさっき鍵をかけたばかりなのに、それができていたか不安になったり、台所のガスや部屋の電気を消したか不安になって、そのたびに帰宅して確認したくなる人もいます。

解決のヒント 1

外出時のために「確認カード」をつくってみよう

財布や携帯電話を持ったことを確認する、火の元の確認する、電気を消す、鍵をかけるなど、**外出時に行う一連の動作の順番を決めておく**とよいでしょう。さらに、「キッチンOK！」「エアコンOK！」「電気OK！」「鍵OK！」と口に出したうえで、指差し確認をすると、より効果的です。この順番はカードに書いて財布に入れておきましょう。それを見ながら確認する習慣がつけば、鍵のかけ忘れが心配になることも少なくなります。

解決のヒント 2

ズボンやかばんに鍵をつけておこう

それでも鍵のかけ忘れが気になるのであれば、ズボンやかばんに鍵をくりつけておきましょう。心配になったときに、鍵に触れてみるのです。「これで鍵をかけたから大丈夫」だと思うようにすると、少しずつ落ち着き、不安な気持ちがなくなっていくかもしれません。

家族と一緒に暮らしている人でも、**自分のことは自分でしたいという気持ち**は大切にしたいものです。外出時の鍵の開閉は自分の責任だと考えて、自己管理ができるようになると、自分はまだ大丈夫だという思いにつながります。

ワンポイント解説

鍵を首にかけて、肌着の中に隠れるようにしておくのもよいですね。それが習慣になると、家に着いたときに、ごそごそとかばんの中を探すようなこともなくなります。

ごく軽度

6 いま何時なのかがわからない

ごく軽度の認知症の人の困りごと

なぜ

時間の見当識障害は認知症の進行とともに深まっていく

記憶の障害に加えて、理解や認識する力が低下してくると、曜日や時間がわからなくなります。仕事をしていない人であれば、今日が何日、何曜日なのかを覚えなければいけない状況は減りますから、なおさら曜日の感覚がわかりにくくなります。短期記憶の障害が進むと、空白の時間の中にいるようになって、**いま何時なのかという見当をつけることが難しくなります。**そうすると、昼夜が逆転したり、出かける予定の時間がわからず、不安になったりします。

解決のヒント 1

朝起きたらカーテンを開けよう

カーテンやシャッターを閉めきった部屋にいると、朝・午前・夕方・夜など時間の感覚がなくなりがちです。朝はきちんとカーテンを開けて、**明るさを感じることが大切**です。できれば朝のうちに散歩する習慣をつけて、しっかりと朝日を浴びると、昼夜が逆転しにくくなります。

解決のヒント 2

デジタル時計を活用する

日付や曜日、時刻が表示されるデジタル時計をカレンダーの脇に置いておくと、今日が何日で何曜日なのかがわかりやすくなります。デジタル時計は見やすい大きなものから、卓上に置くタイプ、腕時計までいろいろなタイプがあります。アナログ時計よりも時間を見やすいので、上手に活用しましょう。

解決のヒント 3

毎日の決まったスケジュールを紙に書いて貼っておく

１日中何もすることがない、何をすればよいかがわからない、といった状況は不安を感じやすいものです。決まっている予定があれば、それを紙に書いて、カレンダーや時計の近くに貼っておくとよいでしょう。予定が終わったら、日めくりカレンダーのように消していくのも楽しいですね。

ワンポイント解説

貼り紙は、必要な情報だけが目に入るように、シンプルにしておくことがポイントです。貼り紙が多すぎるとごちゃごちゃして、かえって注意が散漫になってわかりにくくなってしまいます。

7

ごく軽度の認知症の人の困りごと

薬を飲んだのかどうかがわからなくなる

ごく軽度

なぜ？

薬の飲み忘れや二重に服用する

認知症の進行とともに、薬の管理が難しくなります。また、食事を終えてしばらくすると、薬を飲んだのか、飲んでいないのかがわからなくなることが起こります。**薬を識別する力が低下**して、同じような形状の薬を見分けられない、薬の種類が増えたり服用する時間が異なったりすると**飲み間違える**、といったことも起こります。

解決のヒント 1

1回に飲む薬を一つの袋にまとめてもらおう

主治医に相談して、複数の薬を一つの袋にまとめてもらうとよいでしょう。これを**薬の一包化**といいます。一包化と書かれた処方箋を薬局に持っていくと、1回に服用する薬を一つの袋にまとめてくれます。家族が薬を管理している場合も、認知症が進行して生活にさまざまな支障が出てくるようになったら、負担軽減のために一包化することをおすすめします。

解決のヒント 2

お薬カレンダーを活用しよう

お薬カレンダーを活用すれば、その日・時間に飲むべき薬が管理しやすく、飲み忘れを防ぐのに役立ちます。飲み終わるとカレンダーから薬がなくなるので、飲んだことを後で確認することもできます。

お薬カレンダーは１００円ショップでも販売しているので、簡単に入手できます。予定を書き込むタイプのカレンダーに、薬の袋を貼り付けておいてもよいですね。

ワンポイント解説

薬剤師が自宅を訪問して服薬の指導や管理をするサービスがあります。飲み忘れや飲みすぎなど適切な服薬ができない、独居や要介護などで薬を取りに行けない、複数の医療機関から薬が処方されている、といった場合は、かかりつけの薬局の薬剤師に相談してみましょう。

8

ごく軽度の認知症の人の困りごと

ごく軽度

今日どこへ行くのかがわからない

なぜ？

することがなかったり予定がわからないと気持ちが落ち着かない

物事を遂行することが難しくなることを、実行機能障害といいます。認知症を発症後、得意だった料理をしなくなったという話をよく聞きますが、これは物事を順序立てて考え、実行することが困難になるからです。時間や曜日がわからなくなると、1日の予定を立てられなくなります。今日、何をする日なのかわからなくなると、どこへ行くのかもわからなくなってしまいます。

解決のヒント 1

毎日の予定がわかる工夫をしよう

毎日の日課を紙に書いて壁に貼ったり、外出や来客などの予定をカレンダーに書き込んでおくとよいでしょう。朝食を食べる、散歩に行く、昼食を食べる、買い物に行く、夕食を食べるというような簡単な日課で構いません。一見ありふれた日課や予定だとしても、今日これからすることがわかるだけで、安心感につながります。

できるなら1週間に一つでも具体的な目標をつくっておくとよいですね。〈土曜日は妻と一緒にカレーをつくり、子どもたちに食べてもらう〉といった楽しい目標があると、気持ちに張りが生まれます。

解決のヒント２
仲間づくりから始めよう

これといった予定がないのなら、近所の公園やショッピングセンターなどに、ふらりと散歩に出てみるのもよいでしょう。また、今は認知症の人を応援するいろいろなボランティアグループが立ち上がっていて、「認知症カフェ」という居場所を運営している人たちもいます。情報集めも兼ねて、そんな場所へ出かけてみるのもアイデアの一つです。

解決のヒント３
地域の活動に参加しよう

散歩の会の参加者たち

神奈川県鎌倉市では、ボランティア団体が認知症の人の散歩の会を定期的に開催しています。「**認知症の本人カフェと散歩の会**」という取り組みで、散歩の会は２００９年から行われています。屋外のカフェで本人たちが交流したり自然を楽しむ目的で歩くだけなので、費用もかからず、負担がなく参加できます。

各地域にこうした活動があるので、ケアマネジャーや地域包括支援センターに聞いてみましょう。

9

ごく軽度の認知症の人の困りごと

最近、料理がうまくできない

ごく軽度

なぜ？ できない理由を深掘りしてみよう

前述のとおり、**認知症が進行すると、計画を立てて実行することが難しく**なります。失敗が増えて自信を失くしてしまったり、料理や趣味をあきらめてしまう人もいます。記憶障害によって、料理の**途中で何をつくろうとしていたのかを忘れて**しまい、途中でつくるものや調味料が変わってしまうこともあります。また、一度にいろいろな準備をしようと思って**注意力が散漫になり**、ミスが起きることもあります。包丁で野菜を切るなど料理の基礎はできているのに、途中でおかしな料理になってしまうというわけです。

解決のヒント 1

作業手順を書いた紙を確認しながら料理をしてみよう

認知症が軽度のうちは、つくり慣れた料理ならつくることができます。その場合、**工程をできるだけわかりやすくすること**が必要です。たとえば、みそ汁をつくる鍋にマジックで印をつけておき、水を入れる目安にします。野菜はあらかじめ切っておきます。このとき具材にする材料は、キャベツなどの葉物野菜や、火の通りが早くて茹でている間に色が変わる野菜が安心です。茹で加減がわかりやすいからです。そして、簡単に作業ができるように工夫したレシピや工程表の紙に書き、それを確認しながら料理を進めるとよいでしょう。

解決のヒント 2

15分程度でできる簡単な料理をつくろう

認知症が軽度のうちは、15分程度の出来事は記憶しておくことができる場合があります。手の込んだものではなく、おひたしや和え物など、**短時間でできる料理をつくってみましょう**。ポイントは、**食材と調味料をあらかじめ調理台に並べておくこと**です。

調味料は最初からボールなどに入れて、合わせ調味料をつくっておきます。そして、材料を包丁で刻み終えたら、鍋に入れて茹でて、野菜の色が変わったら取り出して、冷水にさらして水を切り、合わせ調味料で味付けをします。料理が出来上がるまでは、その場から離れないことも大切です。

ワンポイント解説

一人暮らしの人で、火の不始末や火傷などが心配になるようであれば、担当のケアマネジャーに相談して、ヘルパーと一緒に料理をすると安心ですね。

ごく軽度

ごく軽度の認知症の人の困りごと

10 知らない人がいるところに行くのが不安になる

なぜ

対人関係の失敗を繰り返すうちに人のいるところに行くのが怖くなる

認知機能に支障が生じてくると、対人関係の失敗も増えていきます。ゴミの出し方を間違えて住民から指摘される、友人との約束を忘れて待ち合わせ場所に行けない…。そうした**ミスが重なると、だんだんと人とのかかわりを避けるようになります。**

刺激のない生活に慣れてしまうと、デイサービスのように人とのかかわりをもつ場所には行くのをためらうようになります。家族は行ってほしいけれど、本人は行きたくないというときには、どのように対応したらよいのでしょうか。

解決のヒント 1

不安にならないところへ出かけることから始めよう

本人が不安にならない外出先があるかもしれません。郵便局や家の近くのスーパーマーケット、かかりつけの医療機関などに、家族やケアマネジャーが同行することから始めてみましょう。

誰かと世間話をしながら、歩いたり買い物をすると、一人のときとは違う刺激にあふれていて、とても楽しい時間を過ごせるかもしれません。少し時間をかけてでも外出することに慣れてきたら、ちょっと寄り道をして喫茶店に入ったり、軽い食事をしてみるとよいでしょう。

解決のヒント ２

知らない人と友達になれる場所を探してみよう

介護サービスだけを頼りにしないで、地域の店や人の集まるところへ出かけてみましょう。最近は住民が運営しているコミュニティカフェなども増えています。認知症の人や家族が集まるカフェ（認知症カフェ）もありますが、場所によって運営の仕方が違うので、家族や関係者だけで、あらかじめ見学しておくことをおすすめします。

介護認定を受けることを考えるなら、ちょっと先回りして、認知症カフェや地域の家族会に行って、本人に合ったデイサービスの情報を集めておくこともおすすめします。できれば実際にデイサービスに見学に行ってみて、そこで過ごしている人の様子を見ておきましょう。

ワンポイント解説

デイサービスといっても機能訓練に特化した短時間型や、入浴や食事ができる1日滞在型、泊まりもできるデイサービス、音楽や学習に特化したデイサービスなどがあります。認知症の人の対応に優れたデイサービスもあります。本人に合ったサービスを探すことがポイントです。

ごく軽度の認知症の人の困りごと

11 仕事があるのに デイサービスには行っていられない

ごく軽度

なぜ?

仕事を辞めたのに自分には仕事があると言う理由

認知症が原因で、本意ではなく退職せざるを得なかった人は、どうしても過去の仕事に気持ちが向きがちです。

退職したのに仕事に行こうとするのは、記憶の障害による場合もありますが、病気によって無能力という烙印を押されてしまったように感じ、何としてでも**過去の仕事にしがみついていたいという心理状態**がはたらいている場合もあります。そんな状態の人に介護サービスをすすめても、「仕事があるのにそんな暇はない」と拒絶してしまうでしょう。

解決のヒント 1

写真家のIさんがデイサービスで記録写真を担当するようになるまで

写真教室を主宰していた利用者（Iさん）は、前頭側頭型認知症の診断を受けると、生徒が徐々に辞めていき、写真を教えることはなくなりました。そして、Iさんの家族からデイサービスの申し込みがあり、自宅へ伺うと、「**自分は写真の仕事で忙しく、そんなところへ行っている暇はない**」と強い口調で言われました。自宅を訪問したとき、Iさんのデジタル一眼レフカメラが壊れているのを知り、扱いやすい簡易なデジタル一眼レフカメラの購入をすすめました。その後、新しいカメラを買ったＩさんは、記録写真を撮る目的でデイサービスに足を運んでくれるようになりました。

解決のヒント ２

過去を認めることで病気を受け入れるようになったＩさん

Ｉさんは毎朝カメラを持って自宅の裏山に登り、富士山を撮るのが日課でした。デイサービスでは、Ｉさんに**記録写真係を担当**してもらいました。Ｉさんがデイサービスで撮った利用者の写真データを持ち帰ることがないように、デイサービスでもＩさんが日常使っているのと同じ一眼レフカメラを購入して、それを使ってもらいました。

その後、Ｉさんはとても意欲的になって、食後の洗い物を手伝ってくれたり、施設周辺の掃除をしてくれたり、お風呂にも嫌がらずに入ってくれるようになりました。

デイサービスで撮影しているＩさん

ワンポイント解説

認知症の人が、辞めたはずなのに今でも仕事をしていると言うのは、自己の存在を過去の自分に重ね合わせて、そこに回帰することで、安住の地を得たような気持ちになるからかもしれません。

ごく軽度

ごく軽度の認知症の人の困りごと

12 病気を受け入れることができない

なぜ？

多くの人は認知症になった自分を認めることができない

認知症になった自分を認められない理由は、一つではありません。認知症になった人が、社会の**偏見**や**不安**を冗長するような報道を見聞きしたり、治癒しない病気という認識から**恐怖**を感じていたり、もの忘れが増えて、「何もできない人になってしまう」という不安を抱えていることは珍しくありません。

また、病気の進行とともに、記憶障害などから病識を保てなくなることもあります。家族などからもの忘れを指摘されると、「とうとう自分もばかになった」と否定的な感情をもつ人もいます。**認知症を認めることは相当つらい**のだと、周囲の人は理解する必要があります。

解決のヒント 1

自ら認知症を受け入れるとはどういうことなのか？

私自身は、この病気をめぐる社会の偏見や不安が解消されない限り、本人が病気を受け入れることは容易ではないだろうと思っています。身近な家族のなかには、認知症の診断を受けた本人が病識をもち、病気が進行しないように前向きに取り組んでほしいと願っている人もいます。

しかし、それは治らない病の宣告を受けている人にしてみれば、すでに相当つらい状況に追い込まれていることを理解すべきです。病識をもってもらうということを考えるなら、まずは身近なあなたが、**当事者本人の応援者として、またともに生きていくパートナーとして、しっかりとした決意と見識をもつ**ことが必要になると考えます。

解決のヒント 2

病気を自覚し、受け入れている人はいるのですか？

認知症の診断を受けた人のなかには、診断後に自分の病気を受け入れて、社会に向けて発信したり、講演会で体験を語ったりしている人がいます。認知症であることをオープンにしてみると、意外と周囲には応援してくれる人が多いことに気づかされます。厚生労働省でも、認知症本人からの発信が増えるよう認知症本人を「認知症希望大使」として任命しています。その動きはその後、都道府県にも波及しており、各地域で認知症の偏見をなくす取り組みが行われています。

講演会で話す当事者

ワンポイント解説

1994年「国際アルツハイマー病協会」は、毎年9月21日を世界アルツハイマーデーと制定し、この日を中心に認知症の啓発を実施しています。また、9月を「世界アルツハイマー月間」と定め、さまざまな取り組みを行っています。

ごく軽度の認知症の人の困りごと

13 診断を受けてから絶望感に沈んでいる

ごく軽度

なぜ？

認知症の診断を受けたときから絶望感に沈んでしまい身動きできない

こんな話を聞くことがあります。「診察を受けたほうがよいと周囲から勧められ、自分もそう思って病院に行ってみたけれど、実際に医師から認知症と診断されると、絶望感に打ちひしがれて身動きがとれない」。早期診断が大切だといわれているけれど、適切な治療法も診断後にサポートしてくれる制度もなければ、「早期診断＝早期絶望」となってしまいます。

解決のヒント 1

認知症の「不安」はどこからくるのか

認知症になると「何もわからなくなる」「何もできなくなる」という不安に駆られることがあるかもしれません。認知症の初期のうちは、まだまだ一人で生活できますし、さまざまな工夫やちょっとしたサポートを受けて暮らしている人がたくさんいます。

「認知症になったら何もできなくなる」という不安や偏見は、人々の間に知らない間に浸透していきます。不安や偏見は認知症になった人のなかにも根を張っていきます。孤立していると不安感に押しつぶされて、何もする気力が起きなくなります。**絶望感から抜け出すためには、外に出て人とつながる必要があるのかもしれません。**

解決のヒント 2

外へ出て地域に貢献してみよう

私は、初期の認知症の人たちが絶望することがないようにとの思いから、商店街の空き店舗を活用して、２０１６年にデイサービス「ワーキングデイわかば」をつくりました。ここでは、認知症の人たちが住宅地の公園の草を刈ったり、住民と一緒に花壇の手入れをしています。**認知症になってからでも、人から頼られたり、地域の支え手になることはできます。**

そのような場は、実は地域にたくさんあります。道端のゴミを集めたり、落ち葉を掃いたり、公園の遊具を拭いたりすることは、自分にもできそうだと思いませんか。

住民と一緒に花を植える当事者たち

ワンポイント解説

「ワーキングデイわかば」は高齢化率45％の鎌倉市今泉台地域にあります。そこでは、認知症の診断を受けた人たちが地域の住民に見守られながら、地域の支え手として生き生きと活動しています。

ごく軽度

ごく軽度の認知症の人の困りごと

14 カレンダーを見ても今日が何曜日なのかがわからない

なぜ

初期の頃から日付や曜日がわからなくなってくる

私たちは、普段、今日が何月何日で何曜日なのかを把握しながら行動しています。しかし認知症になると、初期の頃から記憶のつながりが途絶えて、今日が何月何日で、何曜日なのかがわからなくなることがあります。このことを**見当識の低下**、または**見当識障害**といいます。見当識障害によって、友人との約束をすっぽかしてしまう、ということが起こり得ます。

解決のヒント 1

生活のなかで日付や曜日を知る方法はある

日付や曜日を知る手がかりは、案外たくさんあります。日付や時間、曜日を見やすくデジタル時計が市販されているので、それを活用すれば、アナログ時計よりも日付や時間を確認しやすいでしょう。**人は視覚から情報の8割を得ている**ので、**目で見てわかる工夫を考える**ことが大切です。

新聞をとっている人ならば、紙面の上部に日付と曜日が記載されています。テレビのニュースでも、毎朝日付と曜日をアナウンスしています。スマートフォンや携帯電話の画面にも、日付と曜日が表示されています。認知症の比較的初期の方であれば、それらをうまく活用することが有効です。

解決のヒント 2　家族や周囲の人に時間の管理を頼んでおく

認知症がある程度進行してくると、**自分で日付や曜日を確認することが難しくなります。**約束を忘れてしまっているのではと思っていると、気持ちも落ち着かないでしょう。まだまだ自分でできると思っていても、予定のことばかりに気をとられて、他のことがおろそかになってしまいます。

大事な予定があるときは、家族に電話で知らせてくれるよう頼むなど、周囲の人に予定の管理をお願いしてみましょう。一人暮らしの人でデイサービスなどを利用しているなら、送迎の時間に合わせてホームヘルパーに来てもらうようにすれば、デイサービスに行く日がわかります。

解決のヒント 3　お互いに気遣うことが大切

一緒に暮らしている家族がいると、つい家族を頼って「今日は何曜日？」「今は何時？」などと聞いてしまうものですね。しかし1日に何度も聞かれると、家族は答えるのが嫌になり、短気な人は怒り出したり、本人に思い出させようとしたりするかもしれません。

そんなときは、一呼吸おいて、「さっきも聞いたかもしれないが、今日は何曜日だったかな？」とさりげなく聞いてみるとよいでしょう。あるいは「忙しいところ申し訳ないが…」と付け加えてみてはどうでしょう。**親しい間柄ならなおさら相手を気遣う一言が必要**なときもあるものです。

一方で家族の人も、「同じことを何度も言う」とは言わずに、曜日や時間がわかる工夫を一緒に考えてほしいものです。

ごく軽度

15 電話で話した内容を思い出せない

ごく軽度の認知症の人の困りごと

なぜ？ 電話で話した内容を思い出せないのはどうしてか

認知症の初期から、ついさっき電話で話したばかりなのに、**話した内容をまるで思い出せない**ことがあります。これは、海馬が萎縮し始めて、**覚え込む力（記銘力）の低下が起きている**ことが原因と考えられます。ときには、話の内容だけでなく、そもそも誰からの電話だったのかも思い出せなくなってしまいます。家族に話しても、誰からかかってきたのかがわからないと、相手にかけ直すこともできません。

解決のヒント 1 断片的でもよいのでメモをとろう

電話をしながらメモをとることは、慣れていないと難しいものです。相手の話を書きとめようと思っているうちに話が進んで、何も書けないまま電話が終わってしまうこともあるでしょう。

そこで、電話が鳴ったら、**断片的な言葉だけでも残す**ことをおすすめします。几帳面な人ほど、ていねいに書こうとしたり、漢字を思い出そうとしたりしているうちに手が止まってしまいます。**ひらがなやカタカナで、何らかの手がかりが残るように**意識してメモをとりましょう。

解決のヒント 2

相手にゆっくりと話してもらおう

電話の相手にメモをとりながら話していることを伝え、**できるだけゆっくりと話してもらいましょう。**「いつ」「誰から」「どんな内容」の電話があったのか、だいたいでよいので残せるようにしたいものです。

漢字で書きたいという気持ちがあるならば、わからない漢字は後から辞書で引いたり、携帯電話の変換機能を使って調べたりして、書き直すとよいでしょう。また、信頼できる友人や周囲の人に認知症の診断を受けたことを話しておけば、やりとりをする際にいろいろと配慮してもらえます。

ワンポイント解説

認知症についての理解を深める場として、「認知症サポーター養成講座」があります。地域住民やスーパーマーケットの店員、小中学生などさまざまな人が受講しています。こうした講座を、認知症になった人の家族や友人に受講してもらえたら、認知症の人が暮らしやすい社会に近づくのではないかと思います。

ごく軽度の認知症の人の困りごと

16 回覧板を届けたいが誰に渡せばよいかわからない

ごく軽度

なぜ

回覧板を回せなくなってしまう理由

回覧板を回せなくなる理由の多くは、**注意力に支障が生じる**ことです。それによって、回覧板が新聞や他の郵便物、通販のカタログなどに紛れて見つけられなくなったり、回覧板に押すハンコが見つけられなくなったりします。

前頭葉の機能が低下すると、意欲や判断力が低下します。新しい家が建っていたりすると、どこに回覧板を置けばよいかわからず、戸惑ってしまうこともあります。**回覧板は地域の情報を共有する手段であるのと同時に、安否確認の手段でもある**ので、できるだけ支障なく回せる方法を考えておきたいものです。

解決のヒント 1

地域とつながり続けるための工夫を考えよう

注意力や判断力の低下により行動がとれず、回覧板を放置してしまうというケースがあります。回覧板をきちんと回すためにおすすめの方法は2つあります。

1つ目は、**回覧板を部屋のなかに仕舞わず、玄関先に置いておく**ことです。回覧板と一緒に、宅配便が届いたときの印鑑やボールペンを置いておくと便利です。2つ目は、自治会の人に事情を話して、回覧板の順番を最後にしてもらうことです。それによって、他の人には迷惑がかかりません。

解決のヒント 2

電子回覧板を使用していた人の場合

最近は、マンションや団地などでＬＩＮＥや情報共有アプリを活用した回覧板が普及してきています。送られてきたメッセージを開くことで、発信者に読んだことが伝わるしくみです。しかし、もしスマートフォンを機種変更したりすると、アプリのダウンロードがうまくできないということがあるかもしれません。このようなときは、自分で解決しようとしないで、スマートフォンの操作が難しくなってきたことを自治会の人や家族に相談しましょう。自治会によっては必要な情報は掲示板に貼り出すようにしているところもありますから、必要であれば自治会の人に確認しておきましょう。

ワンポイント解説

どうしても回覧板が滞ってしまうようなときには、事情を説明して、その家だけ回覧板が回らないように自治会に依頼しておくこともできます。

ごく軽度の認知症の人の困りごと

17

今日何をしたのか確信がもてない

ごく軽度

なぜ

記憶が不確かになるため、何をしたのか思い出せない

何をしたのか確信がもてなくなるのは、短期記憶の障害が顕著になって、過去に体験したことの事実確認が困難になるからです。「**出かける用事があって着替えようとしたが、いつ下着を替えたのか全く記憶がなく、愕然とした**」という認知症の人の体験を聞いたことがあります。記憶を補完してくれる何かがあればよいですが、そうした道具はほぼないのが現実です。そんなときは考え方を転換して、気づいた時点で身支度を整えるようにしましょう。できなくなったことを悔いるのではなく、できることに目を向けることが大切です。

解決のヒント 1

毎日の日課を日めくりカレンダーにして貼っておこう

日課を書いたホワイトボードなどを壁にかけておいて、**終わったものから1つずつチェックしていく**というのはどうでしょう。たとえば、朝起きたら顔を洗う、近所を散歩する、朝食をとる、新聞を読む、洗濯をする、昼食後に好きな音楽を聴く、買い物に行くためのメモを書く、夕食後にお風呂でストレッチ体操をする、など、具体的に書いてもよいですね。趣味の活動やデイサービスに出かける予定も書き込むとよいですね。家族やヘルパーと一緒に1

週間の日課表を手書きでつくってもよいでしょう。忘れてもその都度落ち込んだりせず、毎日の生活が継続できていればよいのです。

解決のヒント ２ 思い出の場面を後で確認できるようにしておこう

気になったことや大事なことは、メモや日記に残しておきましょう。人と会う約束などの大事な用件は、カレンダーに貼り付けておくと忘れにくくなります。また、友人や家族との旅行など楽しかった思い出は、写真に残すようにしておきましょう。

スマートフォンを使えるならば、旅先の景色や一緒に過ごした人とのスナップ写真、動画を記録しておくと、後で記憶を補完する材料にもなります。旅行に行ったことをすっかり忘れてしまっていても、写真があれば懐かしく感じるかもしれませんし、旅行の思い出を家族や友人が覚えていてくれれば、それでよいと思えるかもしれません。

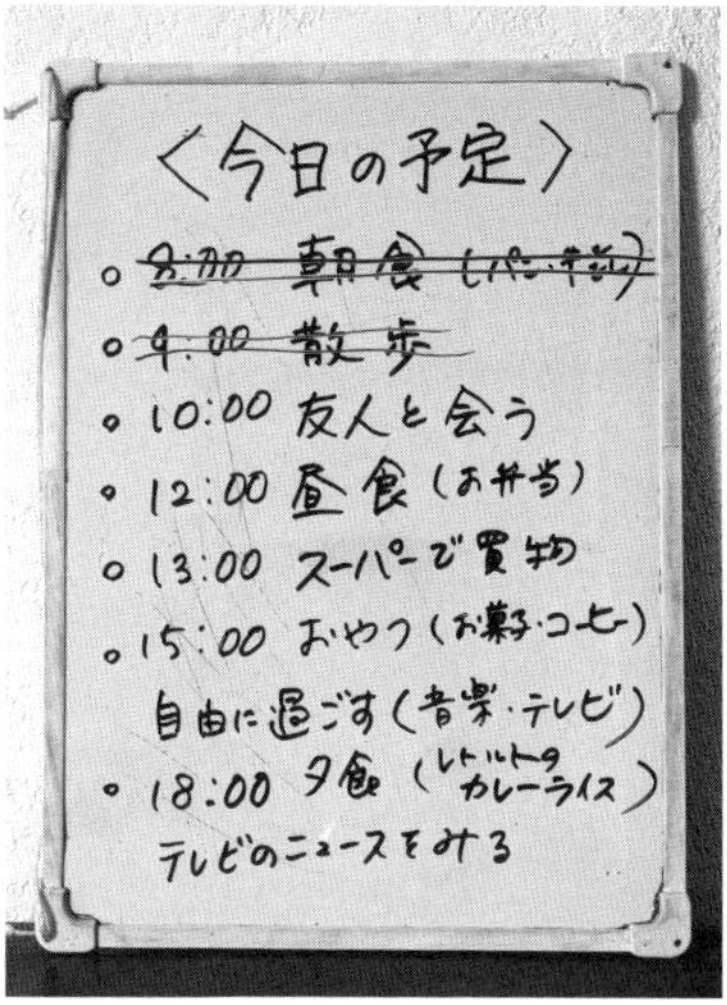
〈今日の予定〉
8:00 朝食
9:00 散歩
10:00 友人と会う
12:00 昼食（お弁当）
13:00 スーパーで買物
15:00 おやつ（お菓子・コーヒー）
自由に過ごす（音楽・テレビ）
18:00 夕食（レトルトのカレーライス）
テレビのニュースをみる

今日の予定を書いておく

ワンポイント解説

トイレに行ったことを忘れて何回もトイレに行く人がいますが、外出先で失敗したくないという不安を抱えている場合があります。こうした場合、何かに集中していると、不安を忘れて過ごせる場合があります。

18

ごく軽度の認知症の人の困りごと

若年性認知症になり退職後の生活の見通しが立たない

ごく軽度

なぜ？

働き盛りの人が認知症になることは珍しくない

65歳未満で発症した認知症を**若年性認知症**といいます。その有病率は、人口10万人当たり50・9人という調査結果があります。若年性認知症の場合、本人や配偶者が働き盛りの世代のため、仕事を続けられなくなるケースが珍しくありません。**経済的な問題を抱えやすい**のも若年性認知症の特徴です。

生活費や教育費、住宅ローンの支払いなどに支障をきたすことがあります。仕事上の失敗が重なって退職の判断をしてしまう人もいます。

解決のヒント 1

会社に相談して働きやすい部署に配置転換してもらおう

認知症の診断を受けても、**簡易な作業の部署に配置転換してもらう**などの配慮があれば、仕事を続けることはできます。まずは会社の人事部門に相談してみましょう。大きな会社であれば、障害者雇用の制度を利用して仕事を続けることが可能な場合もあります。

また、働けなくなったときに会社に所属していれば、健康保険の傷病手当金の制度が利用できます。傷病手当金は支給を開始した日から1年6か月間を限度に、給与の6割相当額が支給されます。会社を退職した後でも申請することができますが、国民健康保険の受給者の方は、傷病手当金の対象にはなりません。

解決のヒント 2

若年性認知症の人が使えるさまざまな制度を知ろう

若年性認知症の人は、障害年金を申請することができます。ただし障害年金の申請は、診断を受けた初診日から1年6か月後の認定日以降となるので、それまでは支給対象とはなりません。そのため、仕事を続けられなくなったら、まずは**健康保険の傷病手当を受給して生活を組み立て**、1年6か月が経過した後に、障害年金の申請をしましょう。自己判断で仕事を辞めたり、支援制度を申請しないままでいることがないようにしましょう。若年性認知症の人が使えるさまざまな制度については、「若年性認知症ハンドブック」（認知症介護研修・研究大府センター編集）にわかりやすく掲載されています。

ワンポイント解説

現在、都道府県や政令指定都市に若年性認知症支援コーディネーターが配置されています。本人や家族からの相談を受けて、さまざまな問題の解決に向けた支援をしてくれます。

19

軽度の認知症の人の困りごと

できないことが増えてきた

軽度

なぜ？

できない、わからないことが多くなるのはどうしてか？

認知症が進行すると、ものを失くしたり、自宅の住所や電話番号を思い出せなかったり、身近な道で迷ったりすることがあります。**混乱が混乱を呼び、余計にわからなさが増してしまう**こともあります。これらの原因としては、認知機能のなかでも記憶障害が顕著に現れてきたことが関係していると考えられます。認知症の初期には、理解や判断する力が低下して、物事を遂行する力（実行機能）にも支障が生じ始めている可能性があります。

解決のヒント 1

できることやわかることを見つめ直してみよう

認知症の初期の頃に生活上の失敗が続くと、「何もできなくなってしまった」と自信を失くしてしまう人がいますが、実は**できることはまだまだたくさんあります**。自信を失くしてきたときは、日課や生活上の動作を一つひとつ家族や親しい友人と確認してみるとよいでしょう。近所のスーパーまで迷わずに行ける、庭の手入れをする、朝起きて時計を確認して、歯を磨き着替えをするなど、できることはまだ多いと実感できるはずです。

そのような、当たり前にできていることに目を向けると、できないことが増えていても、不安が少しずつ薄らいで、気持ちを明るく保つことができます。

解決のヒント 2

困ったときのために備えておこう

電話番号や自分の住所がうまく言えないことがあったら、**連絡先を記した紙を財布などに入れておくようにしましょう**。「住所や電話番号くらいは言える」と思っていても、緊張や混乱があると、うまく言えなくなってしまうことがあります。また、上着や帽子の目立たないところに自分の連絡先を書いておきましょう。さらに、外出の目的を手帳に書いて持っていると、出かけている目的がわからなくなってしまったときに確認できて便利です。認知症になった人は、病気の自覚がなくなるから、そうしたことができないと思っている人もいますが、**忘れてしまうことを自覚している認知症の人は多くいます**。

ワンポイント解説

厚生労働省のホームページの「認知症の人と接するときの心がまえ」のなかに「『認知症の本人には自覚がない』は大きな間違い」という記載があります。「認知症の症状に、最初に気づくのは本人です。もの忘れによる失敗や、今まで苦もなくやっていた家事や仕事がうまくいかなくなる等々のことが徐々に多くなり、何となくおかしいと感じ始めます」と記載されています。

20

軽度の認知症の人の困りごと

鍵の管理ができなくなってきた

軽度

？《なぜ》できない、わからないことが多くなるのはどうしてか？

認知症の初期にものを失くすのは、片づけた場所を忘れていたり、いつもとは違う場所に置いていることがほとんどです。もの忘れとともに、**注意力や判断力の低下**が起きていることも原因として考えられます。**記憶をたどることができない**ので、いつどこに忘れたのかを推測することも難しくなります。出かけるときや外出後に玄関の鍵が見つからなくなると、バッグや衣服のポケットなどを探しますが、見つからないと慌ててしまいます。そんなことがたびたび起こるようになってきたら、鍵の管理方法を見直すことをおすすめします。

解決のヒント 1

鍵にひもや鈴をつけておく

家にいるときは、**玄関などの決まった場所に鍵を置いておく**ようにしましょう。出かけるときは、鍵に鈴をつけてかばんや財布に入れておくと、音によって見つけやすくなります。

それでも失くしてしまうならば、鍵にひもをつけて、持ち歩くかばんにひもの先をくくりつけておきましょう。かばんの中に入れておけば、外からは見えないし、ひもをたぐれば鍵を取り出せます。鍵の自己管理ができれば、安心して外出することができ、一人暮らしを続けやすくなります。

解決のヒント ２

鍵を財布などとつなげておく

家の中で鍵を失くさないために、鍵の置き場を決めておきましょう。**いつも使う鍵はかばんに付けたままにしておけば**、失くす心配がなくなります。また、鍵と財布などをつなげておくと紛失が少なくなります。

ワンポイント解説

「キーボックス」に入れて管理する方法があります。キーボックスというのは、小さな金属の箱の中に鍵を入れて、４桁の暗証番号で管理する方法です。キーボックスを屋外の外から見えにくい場所に取り付けておき、家族やケアマネジャー、ヘルパーなど、限られた人だけに暗証番号を知らせておきます。

21 季節に合う服を選べない

軽度の認知症の人の困りごと

軽度

季節感がわかりにくくなるのはどうしてか

なぜ?

記憶や判断力に支障が生じると、今の**季節を認識することが難しくなり**、**体感温度から季節を推測するようになります**。そして、寒いから冬、暑いから夏と判断します。冷房の効いた部屋にいると、夏でもセーターや冬用の下着を着たりすることがあります。季節や気候に合わせて衣服を選ぶことが難しくなると、ついついそこにある服を着てしまいがちです。また、今日どこに、何をしに行くのかを覚えていられないため、着ていく服のコーディネートが難しくなり、その結果、**いつも同じ外出着を選んでしまう**傾向があります。

衣服が選びやすくなる工夫をしよう

解決のヒント 1

タンスの引き出しに「夏物」「下着」「靴下」などと書いた**ラベルを貼って、衣服や下着を選びやすくしましょう**。それでも整理が難しく、服が部屋に散乱してしまうようなときには、服が入る程度の箱を並べ、「シャツ」「ズボン」「肌着（上）」「肌着（下）」などと書いた紙を貼って整理しましょう。

この方法の利点は、箱の中身が見えるため、視覚情報をもとにして自分で着る服を考えたり、選んだりしやすいことです。また、**あらかじめ季節に合わせた服を入れておくようにすれば**、季節に合わない服を着てしまうことは少なくなります。

解決のヒント

２ 介護保険のサービスを利用してみよう

外出時に服を選ぶことが難しいと、家族やホームヘルパーの手を借りることが必要になります。家族やホームヘルパーが、その日着ていく服をわかりやすいところにおいておけば、自分で着ることができるようになります。

普段着ていく服の整理ができてきたら、今度は外出のときに着る服を何着か出してみましょう。家族と食事に行くときや、友人と街へ出て買い物をするときに着ていく服が部屋にあると、それだけで気持ちが明るくなります。

ワンポイント解説

デイサービスなどに行くときにも、少しおしゃれな服装だと自信もついて、楽しく過ごせるかもしれませんね。

軽度

軽度の認知症の人の困りごと

22 時計の針の読み方に自信がもてない

なぜ どうして時計の見方に自信がもてなくなるのか

アルツハイマー型認知症の人に比較的多くみられる症状として、視空間認知機能障害があります。視空間認知機能とは、見たものの全体像を把握する機能です。アルツハイマー型認知症になると、その障害によって、**時計の針の位置関係を把握することが難しくなります。**医療機関で認知機能を測るテストのなかにも、時計を描写する内容があり、時計が読めない、うまく描けない場合、視空間認知機能障害が想定されます。軽度の認知症の方でも、時計の針が読めない、いま何時か尋ねるとおかしな答えになる場合などは、視空間認知機能障害が起きていることがあります。

解決のヒント 1 デジタル時計に変更してみる

アナログ時計の針がうまく読めなくても、**デジタル時計なら時刻がわかる**人がいます。時計を替えてみるのが有効な場合もあります。ただし、全く時計の針が読めないのか、時々は読めているのかについては、確認が必要です。

高齢になると白内障や緑内障、遠視などによって、目の焦点が合わせにくくなっているので、物が見えにくい様子があれば、眼科を受診しておくと安心です。なお、デジタル時計のなかには、日付や曜日を表示するものもあるので、状態に合わせて時計を選ぶとよいでしょう。

解決のヒント 2

昼と夜の区別がつくような暮らし方をしよう

時計がわかる・わからないにかかわらず、朝起きたら窓やカーテンを開けて太陽の光を浴び、日中は外に出て活動し、夕暮れを感じ、夜に休む習慣をつけることで、**身体の中の時間の感覚（体内時計）を維持する**ように心がけましょう。認知症の状態になると、比較的軽度のうちから時間の感覚がわからなくなり、うつ的な気持ちも重なって、1日中カーテンを閉めた暗い部屋で過ごしている人がいます。昼夜逆転の生活を送っていると生活のリズムが乱れて、さらに認知機能が低下してしまいます。外気に触れて深呼吸をしてみると、気持ちがよいですよ。

ワンポイント解説

アルツハイマー型認知症では、記憶を頼りに時間の経過を推し測ることが難しくなってきますから、生活のリズムを整えておくことがなおさら大切になります。

23

軽度の認知症の人の困りごと

年末年始に一人になるのが心配

軽度

なぜ？

年末年始には利用しているサービスが休みになる

「年末年始になると、デイサービスも訪問介護も休みになって一人になってしまうので、その間の生活に不安がある」。ケアマネジャーが訪問した際、Aさんがそう話したことをきっかけに、年末年始のサービスの調整を早めに行うことになりました。

しかし、利用している各事業所は、12月31日～1月3日まで休みになるとのこと。本人の認知症は軽度ではあるものの、食事の支度や調理は一人では難しく、頼れる友人知人もなく、子どももいないことから、年末年始の過ごし方が課題になっていました。

解決のヒント 1

本人と一緒にショートステイ先の見学に行ってみる

ケアマネジャーと相談して、ショートステイ先を探すことになり、Aさんとショートステイの見学に行きました。泊まる部屋や食堂、浴室などを見て回った後、「年寄りのための立派な合宿所のようだわ」とぽつりとAさんが言いました。聞いてみると、Aさんは、若い頃テニスをやっていて、よく軽井沢に合宿に行ったと話してくれました。

そして、ショートステイの担当者から注意事項や持ち物などについて説明を受け、年末になる前の11月にお試しで泊まってみることになりました。

解決のヒント ２ 年末年始はショートステイで過ごしてみる

お試しのお泊まりは問題なく過ごせたものの、ショートステイの前日になって、Aさんからケアマネジャーに電話がかかってきました。「私、お泊まりに行くのをやめようかしら」という内容でした。話を聞くと、お泊まりに行ったのはよいけれど、「このまま施設の住人にされてしまう気がするのよ」という心配があるようでした。

しかし、しばらく電話で話しているうちに、Aさんの心配も解消されたようでした。ショートステイ当日になると、ヘルパーが用意した荷物を持って、Aさんは家を出ました。迎えの車がくると、「それじゃ、行ってまいります」と言って、Aさんは自分から車に乗り込んでいきました。

ワンポイント解説

ショートステイの利用にあたっては、ケアマネジャーと利用者との間に確かな信頼関係ができている必要があります。年末年始だけの利用に限らず、災害時に備える意味でも、独居の方のショートステイの定期利用は有効と考えられます。

24 軽度の認知症の人の困りごと
テレビが映らなくなって困る

軽度

なぜ？ たくさんあるリモコンのボタンを認識できなくなっている

認知症が軽度の状態でも、**複雑な機械操作ができなくなります。**テレビのリモコンのように毎日使うものでも、複雑な機能を備えていると、ボタンを押し間違えただけで、見たいチャンネルが映らなくなってしまいます。テレビは大切な情報源、社会とのつながりを感じられ、時間や日時、季節を伝えてくれるものでもあるので、いつでも見たいときに見られるようにする工夫が必要です。

解決のヒント 1

テレビを見続けられる工夫

テレビの脇やテレビ台などに、**リモコンの簡単な操作方法を大きく書いて貼っておく、ボタンを押すところにマジックで矢印を書いておく**、といったことを行うと、操作がしやすくなります。また、リモコンに①②と番号を振ったり、「押す」という文字を貼っておくと、理解の助けになります。リモコンを失くしてしまったときには、テレビ本体の電源ボタンに「ここを押す」や「←」（矢印）を描いたシールを貼っておく方法もあります。リモコンの使い方がわからなくなる前に、アナログのリモコンに似た「**簡単リモコン**」に買い替えて、操作に慣れておくのもよいでしょう。

解決のヒント 2

意外と見落とされがちな意欲の低下

意外と見落とされがちなのが、**認知機能の低下に伴う意欲の低下**です。意欲の低下が生じると、外見的には静かになるので、問題と思われないのです。認知症が進むにつれて、脳の機能障害が起こり、周囲の人とのコミュニケーションに相当なエネルギーを使います。心身ともに疲れやすくなり、今までは楽しいと感じていたことでも楽しめなくなるのです。好きだったテレビに興味を示さなくなったり、自分から行動を起こさなくなったら、テレビにこだわらずに、好きな音楽を一緒に聴いたり、散歩に誘ったりするのもよいでしょう。

操作がやさしい簡単リモコン

ワンポイント解説

テレビの消し方がわからなくなって、コンセントを抜いてしまう人がいます。「テレビがつかない」「壊れたようだ」という訴えがあったら、まずコンセントを確認してみましょう。

25

軽度の認知症の人の困りごと

テレビのドラマに興味をもてなくなった

軽度

なぜ？

ドラマの筋書きを記憶できなくなっている

テレビは日常の楽しみの一つですが、好きなドラマが味気なく感じたり、興味をもてなくなったりしてきたら、ドラマのストーリーを覚えられていない可能性があります。アルツハイマー型認知症の場合、記憶障害を伴うので、前の週に放送された内容だけでなく、**5分や10分前のドラマのエピソードも覚えていない**ことがあります。また、意味性認知症になると、登場人物同士の**会話の内容の理解が難しい**ことがあります。

解決のヒント

1 ドラマを違う視点で楽しんでみよう

ストーリーは追わず、ドラマ全体の流れがわからなくても、「そのときが楽しければよい」ととらえて、楽しめればそれでよいかもしれません。あの女優さんが着ている服はとてもおしゃれだとか、登場するお店が素敵だとか、他愛もない話をしながら**ドラマの一部を切り取って話してみる**のです。そうすれば、会話が増えて、無言でテレビを見ているときよりも、楽しい時間を過ごせるようになります。批評好きな人ならば、あの俳優の服はセンスがないとか、あんなセリフは普通は言わないとか、**自分から言葉を話すきっかけにもなります**。

解決のヒント 2
ドラマ以外に興味をもてる番組を探してみよう

歌が好きな人ならば、懐メロを取り上げる番組を探してみましょう。**歌には昔を回想する効果があります。**自分の中に眠っている昔の記憶を懐かしく思い出す**回想は認知症になっても損なわれにくい長期記憶を呼び覚ます**ので、気持ちが落ち着いたり、意欲が向上したりする効果があるといわれています。映画好きの人なら、家族に頼んで昔よく観た映画のＤＶＤを借りてきてもらってはどうでしょう。見覚えのあるシーンを懐かしく思い返したり、話題にしたりできるかもしれません。その他にも、今を楽しむのなら、漫才などのお笑い番組を見て笑い合ったりできたら、気持ちが明るくなりそうですね。

ワンポイント解説

ニュースは前後のつながりがなくても理解することができます。ニュースは今、社会で起きていることを伝えるものなので、新たな発見に満ちていますし、社会の動きを感じることができる貴重な機会だと考えてみましょう。

26

軽度の認知症の人の困りごと

電子レンジが動かない

軽度

なぜ？ 電子レンジの操作がうまくいかないのはどうしてか

段取りをつけて、順序立てて物事を進めることができない状態を実行機能障害と呼びます。実行機能障害は認知症の比較的初期の頃から起こります。たとえば、ご飯やおかずを温めようと思って電子レンジのボタンを押したはずなのに、うんともすんとも動かない、といったことです。その様子を見て家族が心配になり、医療機関を受診される方もいます。

このようなことが起きる理由としては、理解力や判断力が低下して、いくつもある電子レンジのボタンの表示の意味がわからない、ボタンの操作手順がわからない・確信がもてなくなっている、といったことが考えられます。

解決のヒント

1 よく使うボタンに印をつけておく

よく使うボタンに印をつけておきましょう。印のつけ方は人それぞれですが、たとえば、文字を読めるなら、「温める」「ご飯1分」「スタート・押す」と書いて、電子レンジのボタンのところに貼っておきます。わかりやすい場所に「このような順番でボタンを押してみてください」と書き添えておくのもよいでしょう。漢字が読めない場合は、「あたためる」「①→」「②→」「③→」というように操作の手順を書いて貼っておくとわかりやすいでしょう。

解決のヒント 2
アナログの電子レンジや操作の簡単な電子レンジに替えてみる

アナログの電子レンジは操作の手順が少なく、タイマーなどと同じダイヤルを回すタイプなので、実行機能の障害が原因の失敗が少なくなります。昔、使っていた頃の記憶が残っている可能性もあります。

また、**ボタン操作の少ない操作の簡単な電子レンジ**も、認知機能の低下している高齢者や認知症の人には適しています。調理をしなくなった一人暮らしの人でも、電子レンジが使えると食事のバリエーションが広がります。電子レンジが使えなくなると、菓子パンやお菓子、ミカンなどで食事を済ませてしまうことも多いので、**栄養状態の低下が心配**です。

ワンポイント解説
電子レンジが動かないときには、コンセントが外れていないかを確認しましょう。認知症の人のなかには、火を出すことを心配して室内の電化製品のコンセントを抜いてしまう人がいます。

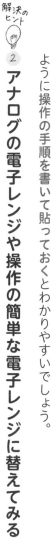

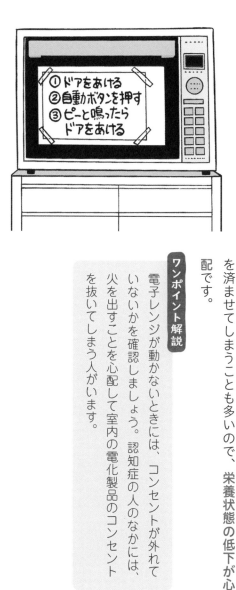

27 冷蔵庫に傷んだ食材があふれていて言葉も出ない

軽度の認知症の人の困りごと

軽度

なぜ？ どうしてこんなに食品が溜まってしまうのか

一人暮らしをしている親の家に行って、冷蔵庫の中を見て驚いたという家族の話をよく聞きます。では、認知症の本人はそんな状況に平然としているかといえば、そんなことはありません。買い物をしてきて冷蔵庫を開けたとき、隙間なく詰め込まれた賞味期限切れの食品を見て、唖然として言葉も出ない体験をしています。

食材を捨てられず、たまってしまうのは、**記憶力の障害に加えて理解力や判断力が低下して、実行機能の障害が起きている**ので、食品ラベルの見方がわからなくなったり、捨てるものと残しておくものを選別する判断がつかなくなっていて、処分するものと残しておくものの判別がつかなくなっているのです。

解決のヒント 1

時間をかけて冷蔵庫の中身を減らしていく

冷蔵庫にあふれている食材を一人で整理整頓するのは、認知症の初期であっても難しいでしょう。「賞味期限切れのものは捨ててください」と言っても、多少期限を過ぎても大丈夫という気持ちになっていると、なかなか捨てられません。捨てるものを取捨選択しているうちに、そのまま冷蔵庫の扉を閉じることになります。

家族やヘルパーの手を借りる必要がありますが、やみくもに訪ねていって冷蔵庫を開けるのではなく、**本人との信頼関係を確認しながら、時間をかけて冷蔵庫の中身を減らしていきましょう。**

解決のヒント 2

一度に片づけようと思わないで、少しずつ整理していこう

家族やヘルパーの手を借りて冷蔵庫を整理すると決めたら、**手伝ってくれる人が来る日を居間のカレンダーに書き込んでおきましょう。**「冷蔵庫の整理をする日」と書き込むと、汚いところを見られるのが心の負担になってしまいますから、「一緒に買い物に行く日」などと書いておくと安心です。実際、家族やヘルパーと買い物に行った後で、冷蔵庫の中を整理してみましょう。ただし一度に全部整理しようと思わないで、何度かに分けて片づけていきましょう。

室内がきれいになっていくにつれて、表情も明るくなって、気持ちが前向きになり、会話も弾むようになるものですよ。

ワンポイント解説

食材の処分に抵抗がある場合、本人の前で処分するとプライドが傷ついて嫌な感情が残るので、家族がもらって帰るというと、気持ちよく冷蔵庫の整理を任せてくれることがあります。

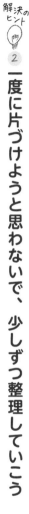

28

軽度の認知症の人の困りごと

何度か鍋を焦がしていて火を出さないか心配だ

軽度

なぜ

鍋を焦がす理由と背景

認知症の人の家族の心配事の一つとして、台所からの出火があります。一人暮らしの親の家を訪ねて、焦げた鍋があれば、不安が募ります。鍋を焦がす理由は、料理中に鍋に火をかけていたことを忘れてしまったり、他のことに気をとられてしまったりすることです。鍋を焦がすのは、記憶の障害と注意力の障害が重なって起こります。**何度か鍋やフライパンを焦がす体験を重ねると、**情動記憶（感情の記憶）に「鍋を焦がす不安」や「火事を出す心配」が蓄積されて、**火を使うのが怖くなってきます。**不快や不安な体験は恐怖体験として、感情の記憶に蓄積されていくからです。

解決のヒント 1

多くのガスコンロには失火防止の装置が付いている

2008年10月以降に製造されたガスコンロには、センサー搭載が義務化されていて、**高温になるとガスが止まる安全装置が付いています。**コンロの中央に丸い突起が出ていて、そこが鍋やフライパンに触れて250度を検知すると自動的に火を消すしくみです。250度というのは、油を熱しすぎて煙が出始める温度です。失火が心配になってきたら、まずは**ガスコンロが安全装置付きの**

ものかどうかを調べるとよいでしょう。

解決のヒント２
煮炊きをしている鍋の中が見えるようにしておく

アルミやステンレスのふたを使っているのなら、ガラスのふたの付いた鍋に買い替えることをおすすめします。鍋のふたをガラス製のものに替えると、鍋の中が確認でき、調理中であることを忘れにくくなり、鍋焦がしを回避できる可能性があります。それでも、料理中であることを忘れて外出してしまうようであれば、キッチンの目立つところに、「火を使っているときはその場を離れない！」というように貼り紙をしておくことをおすすめします。

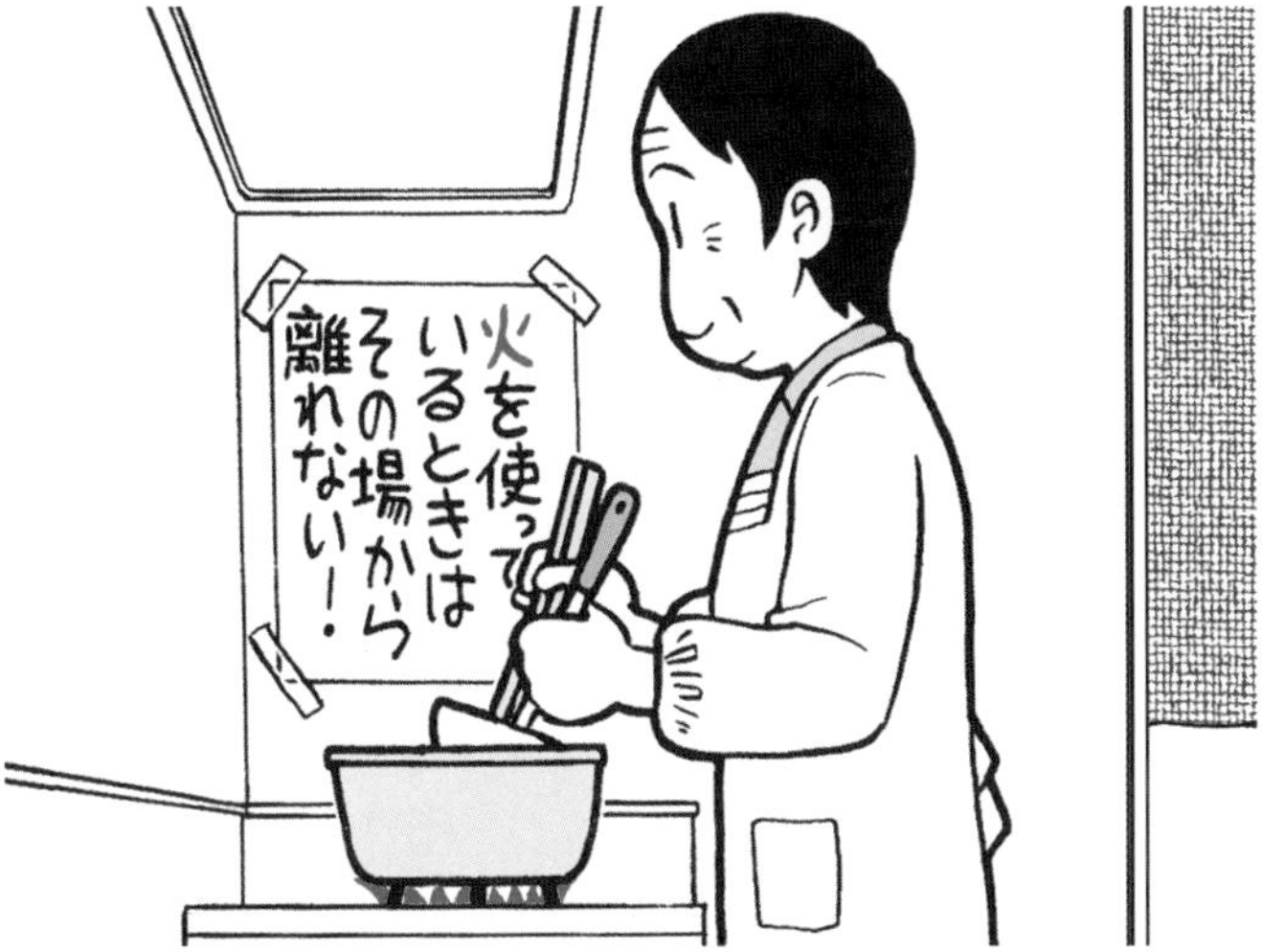

解決のヒント３
ＩＨクッキングヒーターに交換する

一般的にＩＨクッキングヒーター（電磁調理器）には安全装置が付いていて安心です。認知症の人の場合、デジタルの操作盤の使い方がわからず、せっかくＩＨに替えたのに料理を全くしなくなることがあります。それでも、同居している家族がいる場合には、失火の心配を減らすためにも、ＩＨクッキングヒーターへの切り替えを検討してみましょう。

軽度の認知症の人の困りごと

29 水道を止めるのをつい忘れてしまう

軽度

なぜ？ 水道の止め忘れが起きる理由

洗面所で歯を磨こうとして水道の蛇口をひねってから、すぐ目の前にある歯ブラシや歯磨き粉がどこにあるのかわからず、周囲を探したり、家族に聞きに行っているうちに、水を出していたことを忘れてしまうことがあります。

これは、**短期記憶の障害と注意判断力の障害が重なって起きている**と考えられます。また、視空間の障害が起きていて、遠近感がわかりにくかったり、物の位置の特定が難しくなってくることもあります。水道の止め忘れが重なると、思わぬ出費を招きます。一人暮らしの親のところに行って水道の請求書の金額を見て驚いたという話を聞くこともあります。

解決のヒント 1

わかりやすくしておくことで注意を喚起して、止め忘れを防止する

一人暮らしの人でも、家族が同居している人でも、できるだけ自分でできる工夫が必要になります。洗面所やトイレに入った後、そのたびに家族が確認するのではストレスになり、イライラが募る原因になります。まずは流れている水に注意が向けられるように、洗面所の環境を整理しておき

ましょう。石けんや歯ブラシ、歯磨き粉、櫛やブラシなど、本人が使うものを見えやすいように並べておきましょう。環境を整えることで、流れている水道の水に注意が向けられるようになります。

解決のヒント 2

「水の出しっぱなしに注意！」と書いた紙を貼っておく

阪神・淡路大震災以降、水道の栓のしくみが変わりました。昔はレバーを下げると水が出て、レバーを上げると止まっていましたが、今は逆です。レバーの操作がわからず、水道水を止められないことも考えられますので、「レバーを下げて水を止めてください」と書いた紙を水栓の近くに貼っておきましょう。

このように、できるだけ本人にやってもらうような意識づけが注意力を喚起します。生活力を維持するためにも実践したいものです。それでも水の止め忘れがあるときには、気づいた家族が止めるようにしましょう。

ワンポイント解説

失敗を減らそうと注意書きを貼っているうちに、周囲が貼り紙だらけになってしまうというのも起こりがちです。それではかえって注意がそがれてしまうので、貼り紙は1か所に1つだけにしましょう。

軽度の認知症の人の困りごと

30 分別してごみを出しているのに違うと言われてしまう

軽度

なぜ？

ごみの分別はできているが、出す曜日がわからなくなっている

ごみの分別はできているのに、ごみ出しの曜日を間違えていることが考えられます。これは、見当識が低下して、今日の**日付や曜日の理解があいまいになっている**ことが原因です。しかも近所の人からその間違いを指摘されたら、本人はすっかり気持ちが沈んでしまいます。一見些細なことのように思えますが、本人にとっては深刻な問題です。**間違いを指摘されるのが怖くなり、だんだんとごみを出すのが面倒になります。**そのままでは家の中がごみであふれてしまうおそれがあります。

解決のヒント 1

身近な人同士の支え合いや支援制度を頼りにしよう

ごみは個人のプライバシーに深く関係しているものです。そのため、ごみ出しを手伝いたいと近所の人が思っていても、どのようにかかわればよいかわからないことが多いのです。近所に仲が良い友人がいれば、サポートを頼むことができます。

自分から「最近もの忘れが増えてきて、ごみ出しの日を間違えるようになって困っている」と伝えて、サポートをお願いしてみてはどうでしょう。地域によっては、〝お互いさま〟の気持ちを大

切にしながらごみ出しのサポートを住民グループが行っていたり、「ふれあい収集事業」などの行**政がごみ出し支援をやっているところ**もあります。

解決のヒント 2

ホームヘルパーと一緒にごみを出す

近所の人に頼ることに抵抗がある人は、**介護保険を使ってヘルパーに手伝ってもらう方法**もあります。この場合、ごみの分別は本人が行って、収集日を書いたカレンダーに合わせて、ヘルパーと一緒にごみ置き場まで捨てに行けばよいのです。介護保険は支援の内容によってできないこともあるので、できるところは自分で行い、できない部分を手伝ってもらうというのが、ヘルパーを活用するときの基本です。

ワンポイント解説

その地域にどのようなごみ出しの支援があるのかは、地域包括支援センターも情報を把握しています。一度ごみがたまってしまっている家の状況を話してみるとよいですね。

31

軽度の認知症の人の困りごと

部屋に洗濯物があふれてしまっている

軽度

なぜ

洗濯物があふれてしまう理由

認知症による**複数の障害が重なると、さまざまな生活上の支障が出てきます**。その一つが、これまでもたびたび出てきている実行機能障害です。認知症が進むと、判断力や理解力、思考力の低下が起こります。少し前の記憶が思い出せなくなると、洗濯をしようと思っても、時間の経過とともに忘れてしまいます。洗濯機に洗濯物と洗剤を入れてスイッチを押すという簡単な動作がわからなくなったり、洗剤や柔軟剤、漂白剤の区別があいまいになったりします。1日に行う家事はたくさんあるので、このような状態になると、**室内に物が散乱して生活の質が低下してしまいます**。

解決のヒント 1

タンスにラベルを貼ると衣類を管理しやすくなる

洗濯物を洗濯機に入れることはできるのに、次に何をすればよいかわからず、手が止まってしまうことがあります。また、洗濯が終わって衣類を取り出しても、それをどうしたらよいのか途方に暮れてしまいます。

その場合、たとえば、下着（上）、下着（下）、シャツ、ズボン、セーターなどの**ラベルをつくっ**

て、タンスの引き出しの見やすい位置に貼っておくと、衣類を管理しやすくなります。そのうちに洗濯物を干したり畳んだりすることが楽しくなりますよ。

解決のヒント ２

目に見える形で衣類を管理してみましょう

タンスでの管理が難しいときには、**部屋の中にいくつか段ボールほどの大きさの箱を置いて、その季節に着る衣類の種類ごとに並べておくと**、着たい服を箱の中から選びやすくなります。洗濯する物は、赤い色のテープを貼ったかごなどに入れておきましょう。

洗濯物と衣類を入れる段ボール箱は、離れた場所に設置しておくと、区別しやすくなります。本人や家族では衣類の管理が難しくなってきたら、衣類の管理をホームヘルパーにお願いしましょう。

またデイサービスによっては、有料の衣類の預かり**サービスがあり、入浴時に脱いだ服を洗濯保管してくれる**ところもあります。

ワンポイント解説

排泄の失敗を責めたり叱ったりすると、失敗を隠そうとして汚れた衣類を見えない場所に隠すことになります。汚れた衣類を見つけたときには、本人のいないときに洗濯をするなど、さりげなく手を貸したいものです。

軽度の認知症の人の困りごと

32 夫が倒れて入院してしまい一人ではとても心細い

軽度

なぜ《なぜ》

夫のことが心配なのと同時に自分の生活への不安も高まっている

「夫が倒れて入院してしまい、一人ではとても心細い。夫のことを思うたびに涙があふれてくる。でも、自分がしっかりしなければ…」。大きな不安を抱えながらも、気丈にふるまおうとする妻。しかし、娘から「お母さんは何も心配しないでいいのよ！」などと言われると、**どうすればよいかわからなくなります**。記憶障害に加えて判断力の低下などが起きていて、物事を遂行することが困難になっているので、**余計に焦燥感が募ってしまう**のです。

解決のヒント 1

夫が帰ってきたときのために室内を整理しておこう

無力感や焦燥感が募り、さらに意欲の低下が起きてくると、認知機能も低下してしまいます。そうなる前に、**本人の意欲が保てるような対応策を考える**必要があります。たとえば、「夫の世話をしたい」という本人の意向を尊重して、夫が帰ってきたときのために、室内を整理することを提案してみるのもよいでしょう。

一人ではこなせない作業でも、家族と一緒であればできるかもしれませんし、夫の帰宅のための準備を行っているという安心感から、前向きな気持ちになることもあります。ケアマネジャーや主治医にも相談して、かかわる人たちが連携して、本人を支える体制を整えておきましょう。

解決のヒント ２

入院中の夫の様子を伝える工夫を考える

入院している夫と面会ができるなら、入院中の夫の様子や夫からのメッセージをスマートフォンで撮影して本人に見せるのもよいでしょう。退院の日程が決まっていれば、本人にわかるように、カレンダーに印をつけておくと気持ちに張りが生まれます。

退院日程などの情報がかえって混乱を招いてしまうこともありますが、はじめから本人をカヤの外に置くようなことはせず、本人も夫を迎えるチームの一員として、大事な決めごとなどがあれば妻としての意見を聞くくらいでもよいのです。**うまくいかないときは、その時々で修正すればよい**わけですから。

ワンポイント解説

夫の病状が厳しく、本人の生活を支える人が不在になってしまう場合でも、夫の現状を伝えてあれば、緊急のショートステイ等の利用に際して混乱が少なくて済む場合があります。

軽度の認知症の人の困りごと

33 赤いランプを見ると火が燃えているのではと心配になる

軽度

なぜ

心配が脳裏をかけめぐっている人の気持ちとは

認知症の有無にかかわらず、他のことに気をとられて鍋を焦がしてしまい、煙が部屋を漂っているのを見て唖然とした。そんな経験をした人はいるのではないでしょうか。このような失敗を繰り返すと、「火事を出したらどうしよう！」という**不安感情の記憶が蓄積され**、次第に脳裏から離れなくなります。湯沸かし器やエアコン、ファンヒーターなどのランプが点灯していると不安になり、室内のコンセントを片っ端から抜いてしまう人がいます。これが真夏や真冬に起きると、暑さ寒さをしのげなくなり、生活に深刻な支障が生じます。

解決のヒント 1

心配や気がかりを忘れるにはどうしたらよいか

失敗を責めたり頭から否定するようなかかわりは、不安感や不快な感情として記憶に残ってしまうので、できるだけやめましょう。記憶がないために、焦がした鍋を見せても自分の失敗を認められないかもしれません。**否定されたり強く叱責されたりすると、不安感情が尾を引くように残り続けます。**

このような場合には、それを和らげるかかわりが必要です。「火を使うときには、コンロの前から離れないでくださいね」と言った後で、「でも、ガスコンロには安全装置が付いているから安心ね」と、ちょっとした**心配りの積み重ねができるようになる**と、次第に不安が遠ざかっていくでしょう。

解決のヒント 2

不安な感情を軽減する工夫

火事を出すのではないかと心配になっている人の場合、「火を消す！」などの貼り紙は不安を助長するだけです。それより、火を使わなくても食べられる食材を用意しておいたり、届けたりするほうが、**安心感**を得られます。

また、人とのかかわりが希薄になっている不安を、自分のなかだけでは処理できず、鬱々としている人がいます。**友人が訪ねてくるだけでも、気持ちが安らぎます。**介護保険のホームヘルパーとのかかわりができたというだけで、表情が明るくなる人もいます。

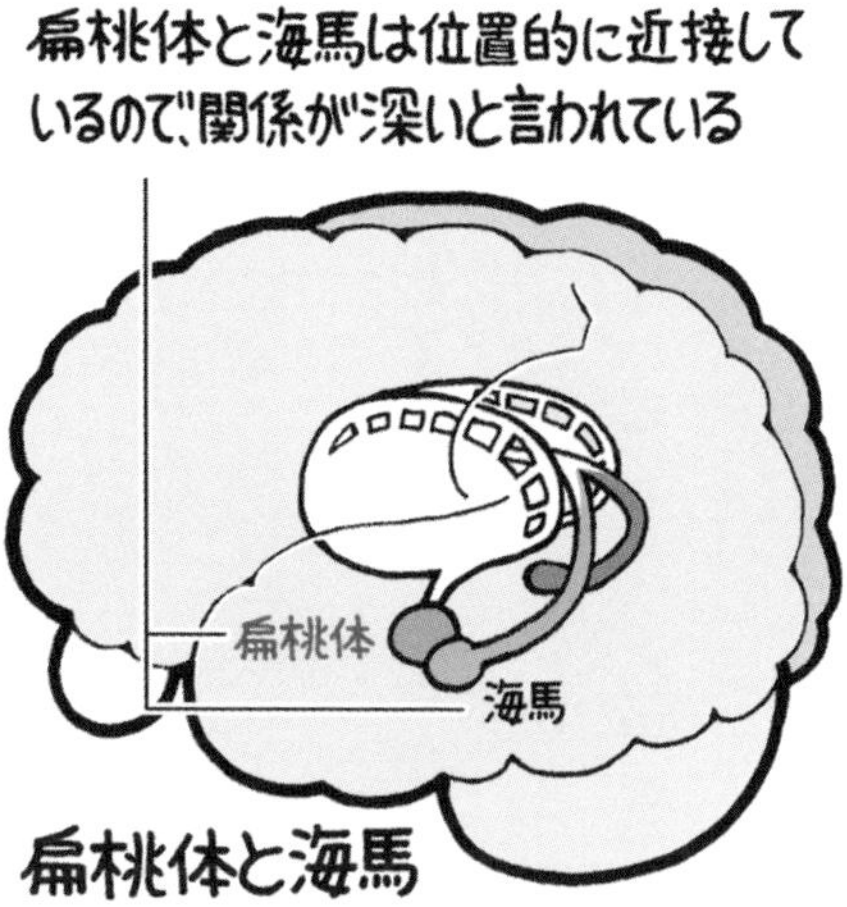
扁桃体と海馬は位置的に近接しているので、関係が深いと言われている
扁桃体
海馬
扁桃体と海馬

ワンポイント解説

不安感情は情動記憶として、扁桃体に蓄えられます。扁桃体は位置的に、記憶をつかさどる海馬の近くにあるので、扁桃体と海馬は関係が深いと言われ、不安感情が忘れられずに、何度も思い出してしまうということが起こります。

34 室温の管理ができなくなってきた

○○○○○ 軽度

なぜ? どうして室温の管理ができなくなるのか

一般に、高齢になると暑さや寒さなどを感じにくくなります。そのため、夏場でもエアコンを使わずに過ごして、**熱中症**や**脱水**によって体調を崩す人がいます。冬場に暖房を使わないと、**低体温**になる危険もあります。認知症が進行してくると、リモコンの操作がわからず、室温の管理が難しくなってくる人がいます。一人暮らしの認知症の人が真夏や真冬に救急搬送されるケースは珍しくありません。

解決のヒント 1 24時間エアコンを作動させて室温を一定に保てるようにする

一人暮らしの人などで、温度管理が難しく体調を崩す心配がある場合には、**真夏や真冬などの間、エアコンを一定の温度に設定しておく**ことで、室内を適温に保てます。なかには「電気代がもったいない」などの理由で、自分でエアコンを切ってしまう人もいます。その場合には、定期的に訪ねることができる家族や、介護保険のヘルパーが入室するたびに窓を開けて風を通したり、エアコンをつけるようにします。

また、1年中室温を一定になるように設定しておけば、主電源の操作だけで済みます。

解決のヒント 2

サービスを利用して夏場や冬場を快適に過ごす

夏場や冬場に限らず、**日中をデイサービスに行って過ごせるようになると、夏場の熱中症や脱水のリスクを回避できます。**１日型のデイサービスに行って昼食をとったり、スタッフの見守りの下で入浴を行うと、身体の清潔を保ちながら健康状態の確認もできます。

同じ立場の人同士で会話を楽しんだり、本人の好むプログラムに参加すると、**表情がいきいきしてきて前向きな気持ちになる人**がいます。現在はさまざまな特色を打ち出したデイサービスがありますから、利用を考えるならば、一度本人と一緒に見学に行くことをおすすめします。

ワンポイント解説

デイサービスなどの利用には介護保険の申請が必要です。最寄りの地域包括支援センターに相談して本人の生活の様子などを伝え、要介護認定を受ける手続きをしましょう。介護保険の在宅サービスには、日中通いで利用するデイサービスの他に、訪問介護、通い・訪問・泊まりを本人のニーズに合わせて利用できる小規模多機能居宅介護などがあります。

35

軽度の認知症の人の困りごと

いつの間にか居間の電気が切れたままになっている

軽度

なぜ?

部屋の明かりがないとどんな支障が生じるのか

一人暮らしをしている親元を訪ねてみると、居間の蛍光灯が切れていたという経験をした人は多いのではないでしょうか。天井に据え付けてある蛍光灯を取り替えるのは、高齢者には困難であり、やむなく電灯が切れたまま薄暗い部屋で何か月も暮らしている人もいます。日が暮れるとさらに暗くなって、テレビやエアコンのリモコンを置いた場所もわからなくなります。**暗い部屋にいると、それだけで周囲を認識する力が低下して、生活上のさまざまな面に支障が出てきます。**

解決のヒント 1

親元を訪ねたときに蛍光灯が切れていたら交換しておこう

居間やキッチンや寝室などの蛍光灯が切れているのに気づいたら、買い物に行ったときに買って交換しましょう。

昔から使っている電球タイプの場合、比較的短期間で切れることが考えられるので、予備の電球をいくつか買っておくとよいでしょう。居間のような人が集まる場所の蛍光灯は、交換するときに**LEDタイプにしておくと、長期間切れずに使用できます。**一定の明るさを保つことで、作業ができたり、時計で時間を確認できたりするようになります。

解決のヒント 2 見当識を保つため室内は明るくしておく

認識力、注意力を安定させるためにも、室内を一定の明るさにしておく必要があります。昭和の厳しい時代を経験した人のなかには、電気をつけることがもったいなくて、薄暗い室内で過ごす人がいます。しかし、認知機能の低下があるうえに、白内障などの疾患が背景にあると、なおさら環境の把握が困難になります。

一般に夜間などは、暗くなると理解力や判断力が低下して、時間や場所の基本的な状況把握が困難（見当識の低下）になります。部屋の中で編み物をしたり、新聞や雑誌を読んだり、スーパーのチラシを見たりするなら、**室内を一定の明るさに保つ**ことには、認識力を維持するうえでも意味があります。

ワンポイント解説

LEDタイプの蛍光灯には、仕事や作業を行うのに適している蛍光色（白色）と、昔の電球の色で人の心を落ち着かせる効果がある電球色（橙色）を選択できるものがあります。

軽度の認知症の人の困りごと

36 壁に貼られた注意書きがわからない

軽度

なぜ？

壁に貼った注意書きを読んでもらうために

一人暮らしをしている認知症の人の家を訪問すると、家族が貼った注意書きの紙をたくさん目にすることがあります。注意書きの内容は、「ガスの消し忘れに注意！」「洗濯物はここに入れてください」という生活上の注意から、「オレオレ詐欺に注意！」「知らない人を家に上げないで！」など、詐欺や侵入者への対策に関するものまでさまざまです。しかし、**注意書きが多すぎると、かえって注意力が低下**してしまいます。また、視空間の障害がある人の場合、貼り紙を認識しづらくなっていることも考えられます。

解決のヒント 1

読めているかどうかを確認しておく

認知症のなかには、言葉の意味がわからなくなる意味性認知症などがありますから、字が読めていることを事前に確認することが必要です。注意書きを書いたら、本人に見てもらって確認しておきましょう。

言葉が出にくくなっている場合には、「書いてある内容はわかりますか？」というように、「はい」「いいえ」**で答えられる尋ね方で確認しておきます。**脳血管障害を伴う認知症の場合、失語に加えて読むことが困難になる障害が起きることがあります。症状には個人差があり、ひらがなが読めなくても、熟語なら読めたり、カタカナが読みやすいなど、その人によって認識できる文字が異なることがあります。

解決のヒント 2

貼り紙が効果を発揮する工夫

読めることを確認したら、**伝えたい内容を簡潔に文章にしてみましょう。**標語のように意味が目に飛び込んでくる文章がよいですが、身近に感じてもらえるように、「台所の火は消しましたか？」など、書いた人が目の前にいるような言葉も効果的です。貼り紙を貼る場所は、居住空間の中で視線が向かいやすいところを選びます。電話機のすぐ上の目に入るところに「心配事があったら電話ください」と貼って、その脇に携帯電話の番号を書いておく方法もあります。貼り紙は、うるさく感じて目に留まりにくくならないように、優先順位をつけて必要な数だけにしましょう。

ワンポイント解説

本人の同意なく一方的に貼り紙をすると、余計なおせっかいと思われるだけです。見ようともせず、かえってコミュニケーションがとりづらくなることがあるので注意しましょう。

軽度の認知症の人の困りごと

37 知らない人が入ってくるのではないかと心配でならない

軽度

なぜ？ 妄想ではなく不安が引き起こす感情として理解する

部屋に人が入ってくるかもしれないと思うようになるまでには、いくつかの**心理的な葛藤**があります。認知症の人の気持ちを理解するためには、それを知ることが近道です。記憶障害があって、鍵を閉めたかどうかを覚えていなければ、「誰かが家の周りにいて、いつ入ってくるかもしれない」と**不安になるのは仕方がない**、と理解できるでしょう。また、頻繁に物を失くすような人だったら、誰かが家に侵入して盗ったかもしれないと思うようになるかもしれません。レビー小体型認知症を伴っている人の場合、幻視が起きて窓の外に人の姿が見えるなら、やはり不安な気持ちになるのは当然のことです。

解決のヒント 1

「入ってこないから大丈夫」では不安を軽減できない

不安感や恐怖感で落ち着いていられない人に対して、「誰も入ってこないから大丈夫」と言っても気休めになりません。「この人は自分をわかってくれない」と思われるだけです。被害妄想というよりは、本人のふとした思い込みが原因である場合もあります。どんな場合でも、その人の**訴えを真摯に聞く**ことで信頼関係を築ければ、思い込みは軽減されることがあります。また、**家族との**

旅行や友人同士が集う場に参加することで思い込みが薄れることもあります。それでも被害感情が消えなければ、かかりつけの医師や地域包括支援センターに相談することをおすすめします。

解決のヒント ２

レビー小体型認知症の不安感情を軽減する

レビー小体型認知症の場合は、物や模様を人影や小さな動物に見間違えることがあります。そのようなときは、**本人が「見える」と話す場所に、見間違え（錯視）のもとになる物や模様がないかを確認してみてください。**「これが○○に見えるの？」と聞いた後で、それを動かしたり隠したりすると、「見えなくなる」ことがあります。

また、幻視によって、現に人影が見える、子どもがいるように見えることもあります。幻視そのものを失くすことは困難なので、本人が見えるという事実を関係者で共有することが大切です。

ワンポイント解説

レビー小体型認知症の人のなかには、デイサービスなどの人が多くいる場所にいれば、幻視によって見える人や小動物が、その人たちに紛れて気にならないことがあります。

レビー小体型認知症の主な症状

・**パーキンソン症状**
　…小股歩行、前傾姿勢、表情が乏しい、指の震え
・**幻視**…人や小動物や虫などがありありと見える
・**幻聴**…聴こえないはずの音が聴こえる
・**レム睡眠行動障害**
　…夜間や早朝に大きな声を出したりする
・**自律神経症状**
　…起立性低血圧が起き転倒しやすい
　…血圧の低下、めまい、失神を起こす
・**不安症状**…意欲、活動性や自発性の低下、不定愁訴
・初期には記憶障害を伴わない

軽度の認知症の人の困りごと

38 どれが銀行の印鑑なのかがわからない

軽度

なぜ? 物の整理ができなくなり金融機関の届出印が見つからなくなる

認知症が進行すると、通帳や印鑑、キャッシュカードの管理が困難になってきます。理解判断力に障害が起きると、**銀行の届出印がどれなのか記憶が定かではなくなり、判断がつかなくなる**からです。介護保険サービスを利用する際に、口座振替の申し込み用紙に金融機関の届出印を押す必要がありますが、どれか届出印なのかわからなくて困ることがあります。また、**キャッシュカードの暗証番号を忘れると、生活費を引き出せなくなる**ので、生活に支障が生じることが考えられます。

解決のヒント 1

口座の管理を上手にサポートする

届出印がわからなくなってしまったら、家族も同行して、印鑑、通帳、身元が確認できる書類を銀行に持参すれば、印鑑の再登録の手続きを行うことができます。この場合、**本人の意思で行い、家族は補助的な役割を担う**ことになります。

もし本人が自分の名前を言えない、または**届出書類に自分の名前を書けないときは、手続き自体ができなくなる**可能性があります。それを防ぐためには、事前に氏名を書く練習をする、届け出書類の脇に名前の「お手本」を置き、それを見ながら書く、といった方法が有効となる場合があります。

解決のヒント 2 本人以外の銀行口座を管理することはできるのか

先々のことが心配であれば、あらかじめ預金者本人が事前に申し込めば、銀行の「代理人登録」を行うことができます。これは認知症の本人自身が銀行の窓口やＡＴＭで手続きを行えなくなったことを想定して、**事前に預金口座の管理を家族などに託すことができる制度**です。もちろん、預金者本人も申し込み後に口座を利用できます。また、認知症が進んでしまったり、口座の持ち主が亡くなってしまった場合でも、預金を管理する方法がありますので、早いうちから銀行に相談することをおすすめします。

ワンポイント解説

判断力の低下がある人、一人暮らしや身寄りのない人の財産管理を行うために、「成年後見制度」があります。心配な方は最寄りの地域包括支援センターに問い合わせてみましょう。

軽度から中度の認知症の人の困りごと

39 ケアマネジャーが家族とばかり話している

軽度〜中度

なぜ？

本人のためのケアプランを立てると言いながら家族の顔ばかり見ている

ケアマネジャーに限ったことではありませんが、「本人の顔を見ず家族とばかり話す専門職がいる」という声を時々聞きます。認知症の診断を受けた本人が一番つらいはずなのに、家族ばかりが話すのは、**家族も先々の生活への不安感や負担感を抱いているから**です。

支援にかかわる関係者には、本人のほうに顔を向けてほしいものです。**本人の気持ちが楽になり、精神的にも身体的にも状態が安定すれば、認知症の行動・心理症状が起こりにくく、症状が軽減することがあります。**

解決のヒント 1

初回訪問での最初の一言は本人の目を見て話すのが礼儀

介護保険を利用することになり、最初にケアマネジャーと対面したとき、ケアマネジャーの第一声が家族へ向けられた言葉だったりすると、認知症の本人としては、「この人は誰のためにここに来たのだろうか」と感じます。

本人がサービスの利用に対して拒否的になると、家族の負担が大きくなります。そんなことから、**初回の面談では本人に先に話しかけることが大原則なのです。**

解決のヒント 2

家族に聞きたいことは事前に電話などで聞き取っておく

ケアマネジャーは家族に聞きたいことがたくさんあります。面談の時間は限られていますから、そんなにたくさん話を聞く時間もありません。そんなときは**事前に電話などで聞き取っておく**と、本人の話に耳を向ける余裕が生まれます。

家族にアセスメントシートやサービスへの支援してほしいことを書く紙を事前に渡しておき、記入してもらってもよいですね。本人も家族も、先々の不安を抱えているうえに、家族は介護の負担感が大きくなっています。**本人の生活史や家族が困っていること、本人に対する思い**などを事前に家族から聞かせてもらえると、後々助かります。

ワンポイント解説

本人がうまく話せない、あるいは後で忘れてしまう、話をうまく理解できない、話についていけない、というような場合でも、本人の方へ顔を向けてていねいに説明することが大切です。

40

軽度から中度の認知症の人の困りごと

騙されているのかもしれないと心配でならない

軽度〜中度

なぜ

自分がここにいる理由がわからない

自分の意志で来たわけではなく、連れてこられた理由もわからない。最近はもの忘れも増えて、わからないことや失敗が多い。誰かが自分を施設に入れるようなことをしたのかもしれない。何とかして帰りたい。相談員という名札を付けた人が来て、言いくるめるように引き止める。4時になったら車で送りますというけれど、まったく信用できるわけがない。この人の言いなりになっていたら、**騙されてもっとひどいところに連れていかれるかもしれない…。**デイサービスの利用初日には、このように思ってしまう人がいます。

解決のヒント 1

どうしたら信頼関係を築けるのかを考えよう

困惑している人の言動を否定したり説得したりすると、**かえって不信感や不安感が募ってしまいます。**そんなときはまず、ここ（デイサービス）へ来た理由を本人に伝え、一度見学に来たときのことや、デイサービスについて改めて説明しましょう。

ただし、**利用初日から無理はしないことが大切です。**短時間の滞在にとどめて、ご自宅に送りますと約束し、約束通り自宅に送り届けてもらうと、本人の機嫌はすっかり戻ることがあります。

そうしたことを何度か繰り返して、信頼関係を築きながら、少しずつ滞在時間を延ばしていきましょう。

解決のヒント 2

事前に見学をして本人に合うデイサービスなのか確認しておこう

デイサービスの利用にあたっては、本人に合いそうな事業所をケアマネジャーに紹介してもらい、事前に見学して、特徴や本人との相性を考えてから申し込みましょう。

送迎付きで見学対応をしてくれたり、**1日体験ができる**デイサービスもあります。デイサービスの利用初日には、見学したことも忘れてしまっているかもしれません。デイサービスに見学に行ったことやそのときの様子について家族が説明しすぎると、**本人はそのときの記憶がないので、困惑してしまう**ことがあります。送迎車が来るまではそっとしておいて、車が来たら気持ちよく見送りましょう。

ワンポイント解説

最初は拒否的な態度だったとしても、デイサービスに何回か通えるようになると、朝早く起きて支度するようになったり、迎えの車を楽しみに待っている人もいます。

41

軽度から中度の認知症の人の困りごと

親切そうに見えるあの人が財布を盗ったかもしれない

軽度〜中度

なぜ？ 財布を持って出かける習慣がある人の思い込みを理解する

ズボンのポケットに財布を入れて外出する習慣があった人が、介護施設に行くときには財布を持たせてもらえないということがよくあります。施設では現金を使う必要がないからです。財布がないことにふと気づいて、入浴などのケアをしている介護職に「盗られた」かもしれないと思い込んでしまうことがあります。介護職がいつも笑顔で接していることすら、どことなく不審に思えたりします。**そんな一つひとつの出来事が、利用拒否につながるのです。**

解決のヒント 1 財布などいつも持ち歩いているものを持ってきてもらう

財布や時計、かばん、定期券を入れていたポーチなど、**外出時にいつも持ち歩いているものは持ってきてもらいましょう。**高価なものでなければ、指輪などがあってもよいですね。財布の中身は千円札2〜3枚と小銭くらいが望ましいと思います。介護施設側にもルールがあって、財布や現金を持たせないでくださいというところもあります。

あれもこれも持ってこないでくださいという事業所は、利用者の個別性を尊重できないだけでなく、認知症からくるさまざまな障害への対応も難しい施設だと思われても仕方ないかもしれません。

解決のヒント 2

自立を支える取り組みで被害感情を少なくする

入浴時に外したものは、目に見えるケースにしまっておき、服を着た後に自分自身で身につけてもらいましょう。自立を支えることは、その人の尊厳を尊重していることと同じ意味をもちます。

職員のペースで何もかもを〝やってあげる〟介護は、**一見親切なようですが、知らない間に相手の力を奪ってしまいます。**

被害感情や介護拒否といわれる行為も、本人の側にとっては、自分の尊厳を奪われまいとして抵抗していると理解できます。**被害感情や介護拒否は、人としての自然な反応**と考えましょう。自立を支えるかかわりは、被害的な思い込みや介護拒否を少なくするケアにつながります。

ワンポイント解説

被害感情の訴えを何度も否定されると、認知症が進行している人でも被害感情が情動記憶に刻まれて忘れられなくなり、浴室を見ただけで入浴を嫌がるようになってしまいます。

軽度から中度の認知症の人の困りごと

42 デイサービスなどには何が何でも行かない

軽度〜中度

なぜ？ 世間のお荷物だという思いがある

ケアマネジャーから紹介されてデイサービスの見学に行ってみようと提案したところ、「ああいうところに行くのは、世間のお荷物のような人たちだ」と言って、頑として動こうとしない。家族からそんな相談を受けたことがあります。

これにはいくつかの理由と背景が考えられます。まず考えられるのは、**認知症の進行をその人が感じ始めていることです**。デイサービスに行けば**自分もお荷物のような存在になってしまうという恐怖心**を抱いていることです。この場合、実際のデイサービスがどうかという問題ではなく、認知症の本人が自分の尊厳を保とうとしている言動のようにも理解できます。

解決のヒント 1 一人の大人としての尊厳を尊重してくれるデイサービスを探そう

重度の認知症の人に合わせたプログラムが提供されていると、より軽度な人にとっては稚拙に見えることがあります。風船を叩くレクリエーションなどはその代表です。

このような状況では、利用者は自分が一方的に世話を受けるだけの存在だと思ってしまいます。

そう考えると、**大人としての尊厳を尊重してくれるデイサービス**の利用を検討する必要が出てきます。

解決のヒント 2

新しいタイプのデイサービスにはどんなものがあるか？

大人としての尊厳を尊重するデイサービスは多くあります。たとえば、ピアノやバイオリンの演奏など音楽を楽しんだり、学習療法のをプログラムを取り入れたり、手芸やものづくりを主体にしたサービスを提供していたり、庭の手入れや畑で野菜を育てていたり、公園整備のボランティア活動が毎日のプログラムに組み込まれているデイサービスもあります。**自分が暮らしている地域のなかにどのようなデイサービスがあるか**、ケアマネジャーや地域包括支援センターで聞いてみることから始めましょう。

ワンポイント解説

市町村によっては、畑仕事や公園整備活動など外出して行うサービスを認めていないところもありますので、お住まいのある自治体やケアマネジャーに確認してみましょう。

43

軽度から中度の認知症の人の困りごと

いきなり子どもが描くような塗り絵を渡された

軽度〜中度

なぜ？

趣味で水彩画を描いていたのに塗り絵をほめられて嬉しいはずがない

絵を描くことが好きだった人が、塗り絵をきれいに塗って、上手だとほめられても、嬉しいはずがありません。たとえそれが大人向けの塗り絵であってもです。人手が足りないとはいえ、デイサービスなどの場で利用者を子ども扱いするような状況がみられることがあります。**画一的なサービス提供は利用者の主体性を損ない、意欲の低下を招く**ことがあります。塗り絵が楽しくない様子がみられたら、その人がやりたいことを一緒に探す支援をしてみましょう。

解決のヒント 1

介護サービスはパーソナルケアの時代へ

デイサービスに通っている人たちが、同じプログラムに参加することが悪いとは思いません。実際、カルチャーセンターなどで行われている絵画教室に通っている人は、みな一様に描き方を教わるので、展示会の会場に並べると同じような絵に見えることがあります。そこには他の人と分かち合うことで孤立を解消する効果がたしかにあります。

しかし反対に、認知症になっても高齢になっても、**参加しない権利が尊重されるサービス**や、**自己決定や自己表現への支援を受けられるサービス**も必要とされています。今は、個別性を尊重したパーソナルケアの時代といえるでしょう。

解決のヒント 2 認知症が進行してから描いた絵が公募展に入選したYさん

私は以前、明るく屈託のない利用者Yさんと一緒に、デイサービスで詩の作品づくりに取り組んだことがあります。Yさんは詩や文学の経験があったわけではありません。Yさんの話す言葉が素敵だったので、それを書き留めていく作業を一緒にしたのです。

ところが、Yさんの認知症が進行して、話したり文字を書くことが難しくなると、今度はYさんに絵を描くことをすすめたのです。Yさん自身、**絵を描いた経験はなかった**のですが、白い紙に線や色を付ける作業が楽しくなり、いつしか絵画に夢中になっていきました。

Yさんは画用紙に自由に線を描いていくスタイルでした。描き方は教えず、画材だけを用意しました。すると、線と線が重なり、色が重なり合い、不思議な風合いの作品が何枚も仕上がっていきました。Yさんの絵があまりにも素敵だったので、Yさんに相談して上野の森美術館の公募展に出してみたところ、見事に入選の通知が届きました。これにはYさん自身も家族もとても驚き、大喜びしました。

Yさんの入選を家族とともに祝う

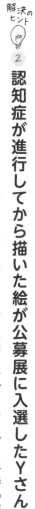

軽度から中度の認知症の人の困りごと

44 レトルト食品の食べ方がわからない

軽度〜中度

なぜ

理解力や判断力が低下してレトルト食品の調理方法もわからなくなる

認知症が進行すると、理解力や判断力の低下によって、**レトルト食品の調理方法がわからなくなる**ことがあります。レトルト食品は賞味期限をさほど気にせず保管できるので便利ですが、電子レンジの操作方法がわからないと、食べることができません。

また、調理方法の説明書きが小さくて読めず、食べ方がわからなくなる人もいます。キッチンにレトルト食品がいくつも重ねて置かれた状態になっていたら、調理の仕方がわからなくなっていると考えられます。

解決のヒント 1

その人にわかりやすい調理方法が何かを考えてみる

お湯を注げば3分で食べられるカップ麺は、認知機能の低下した人でも食べやすい食材です。ただし、お湯を沸かす方法を理解する必要がありますし、安全に調理できることを確認しなければなりません。

アナログ式の電子レンジのほうが、一般に操作しやすいといわれています。ガスレンジなどで安全にお湯を沸かせる人ならば、湯せんして温めるタイプの食品を調理できます。

火の始末が心配だからとＩＨクッキングヒーターに変えたら、料理ができなくなってしまう人がいます。**その人の状態に合わせて、その時々にわかりやすい調理方法を選択すること**がポイントになります。

解決のヒント

２ 今何ができるのかを把握するヒントとは？

調理というのは、能力や技術の重なり合いであったり、一つひとつの行為のつながりであったりします。記憶障害に加えて注意力や理解力や判断力が低下すると、別々の事柄を段取りよく進めて遂行する機能（実行機能）に支障が生じて、料理ができなくなるわけです。

ほかにも、電気ポットが使えなくなるのと同じようなタイミングで洗濯機が回せなくなり、湯沸かし器で風呂に湯を入れることもできなくなる人がいます。電話番号のメモを見て電話をかけることができるなら、レシピを見ながら調理を進めることはできるかもしれません。このように、**生活全般を見る視点に立って、今何ができるのかを把握していきましょう。**

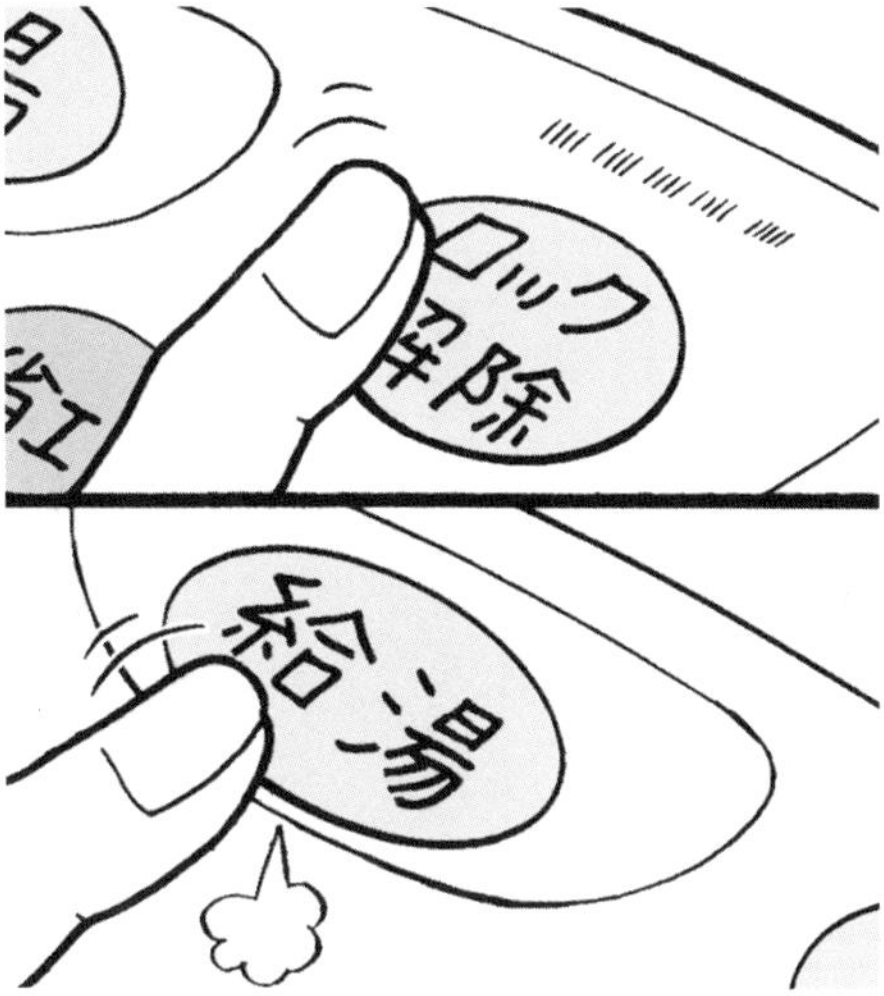

ワンポイント解説

電気ポットに操作の手順を書いた紙を貼っておくことで、操作ができるようになる人もいます。電化製品には、２つの異なる操作を連続して行うしくみのものが多く、使い続けるためには工夫が必要です。

45 あの人がお金を盗っていく

軽度から中度の認知症の人の困りごと

軽度～中度

なぜ? 自己管理ができていた人ほど自身の認知機能の低下を受け入れられない

物を失くすことが続くと、身近な誰かの過失や故意によるものだと思い込んでしまうことがあります。「**もの盗られ妄想**」は、**認知症の比較的軽度の頃に起こりやすい症状の一つ**です。自己管理ができていた人ほど、自身の認知機能の低下を受け入れることができず、自分以外の誰かの仕業だと思い込んでしまいます。

実際には自分でしまったり隠したりしていることが多いのですが、「あの人が盗っていった」と話したりします。もの盗られ妄想の対象者になりやすいのは、本人とかかわりが多く、部屋に出入りする機会の多い家族やケアに入っているヘルパーなどです。

解決のヒント 1

本人の言動を否定しないように心がける

失くした物が見つからない場合、家族や身近で世話をしてくれる人の仕業だと思い込んでしまうことがあります。しかし、事実ではないからといって、強く叱責したり否定したりすると、かえって逆効果です。もの盗られの「思い込み」はなかなか消えず、**強く否定されると猜疑心が強くなり、「思い込み」が強固になってしまいます**。否定されたときの嫌な印象が記憶に刻まれて、残像のように記憶（情動記憶）に残ってしまうからです。

解決のヒント ２

かかわる人を増やしたり、役割をつくったりしてみる

もの盗られ妄想が起きていると気づいたら、かかわる人を変えたり、増やしたりすることで、特定の人に対する「思い込み」が軽減できます。他の家族にも応援を頼んでみましょう。

もの盗られ妄想が特定のヘルパーだけにみられるならば、ヘルパー事業所に相談して、別のヘルパーに変えてもらう方法もあります。また、デイサービスに行けば、かかわる人が増え、症状の軽減につながります。

また、自宅のなかで役割を担ってもらったり、自分でできる身の回りのことは自分でしてもらうようにすると、症状の軽減につながることがあります。

ワンポイント解説

もの盗られ妄想は認知症の初期に起きやすい症状ですが、いつまでも続くわけではありません。病気の進行に伴い、症状も変化したり薄れていったりしていきます。

軽度から中度の認知症の人の困りごと

46 記憶がないのに預金通帳からお金が引き出されている

軽度〜中度

なぜ 自分がしたことを忘れてしまい被害に遭ったと思い込んでしまう

通帳に印字されている数字を見て、身に覚えのない金額が引き落とされていれば、驚くのも当然です。認知症の人のなかには、そうした数字をいくつも見つけては、そのたびに金融機関に問い合わせる人がいます。**思い込みが消えず**、銀行の人が盗ったかのように言って**トラブルになるケース**もあるようです。金銭トラブルにまで発展してしまう人の傾向として、「自分自身でしっかりと管理できていた人」「ミスが少なく完璧に仕事や役割をこなしていた人」が多いといわれています。

解決のヒント 1 被害的になっている認知症の人への対応の三原則

被害的な思いに駆られて訴えてくる人の対応には、三つの大原則があります。一つ目は、**否定しないこと**です。否定されると、「わかってもらえなかった」という負の感情が情動記憶に蓄積されて、なかなか消えなくなってしまいます。

二つ目は、**説得しないこと**です。説得には必ず、「否定」と「押しつけ」の要素が含まれるからです。

そして、最後の三つ目は、**相手の話を傾聴する**ことです。特に、もの盗られ妄想の対象者にされてしまったときには、とにかく「話を聴く」という態度が大切です。事実でないことを訴えられたときの受け答えはとても難しいと思いますが、冷静になって事実を確認して、こちらの知り得る範囲のことだけを答えましょう。

親身になって自分の話を聴いてくれる人がいると思えるだけでも、不安や猜疑心に駆られた心がだんだんと和らいでいきます。

解決のヒント 2

強固な思い込みがあるなら専門職に相談しよう

思い込みが強固で訂正できない場合、本人自身も相当つらい気持ちになっているものです。そのようなときには、本人のつらい状況を軽減するためにも、精神科の医師に相談したり、地域包括支援センターに行って福祉や介護の専門職に相談しましょう。周囲の人が状況を理解して、本人の苦痛を和らげるための、それぞれの立場からの対処が有効な場合があります。医師による薬物治療も選択肢の一つと考えて、本人のＡＤＬ（日常の生活動作）に影響がないように配慮しながら、不安や猜疑心を軽くできる方法を考えましょう。

軽度から中度の認知症の人の困りごと

47 話し声がうるさくて集中できない

軽度～中度

なぜ？

声や音を聞き分けられなくなり周囲の声がうるさく感じられる

私たちは、さまざまな音が飛び交う環境にいても、そのなかから必要な音だけを選んで聞いています。不要な音や話し声は、聞き取らずに済むように**脳のなかで取捨選択が行われている**のです。ところが、アルツハイマー型認知症になると、音の取捨選択ができなくなって、離れた席の話し声が耳に飛び込んできて、**音の聞き分けができなくなり**、集中できなくなる人がいます。音の聞き分けが難しくなっている人のなかには、離れた席の笑い声を自分を笑っている声と思い違いをしてしまい、会話の声や笑い声が耳にまとわりついて、イライラして落ち着きなく歩いたり怒り出してしまう人もいます。

解決のヒント 1

雑音の少ない環境で過ごしてもらう工夫をする

音の聞き分けが難しくなっていると感じたら、音の少ない環境に整える工夫をしてみましょう。壁に沿って置かれているソファや見通しがよい場所、窓際の席などに座ってもらうと、周囲の状況を把握しやすくなります。**ゆったり落ち着いて過ごせるようになると、聞き間違いも少なくなります**。また、少し前の出来事を覚えていられない、時計を見ても時間がわからない、言葉も不自由でうまく話せない、という状況は、よりストレスを増強させます。少しでも安心して過ごせるように環境を整える工夫が必要になります。

解決のヒント 2

集中して取り組めることがあれば不安なく過ごすことができる

病気の進行から、わからないことが増え、ストレスの多い日々を送っていた利用者がいました。その方は、周囲の話し声や物音に過敏になって、声を荒げることもありました。そんな折、通っているデイサービスの建物の向かいにある**公園の遊具を拭く役割をお願いした**ところ、熱心に取り組むようになりました。「公園の遊具は子どもたちが触るところなので、少しでも清潔にしたい」と言い、午前・午後の2回、遊具を拭くことが日課になりました。遊具の掃除が終わると、全体が見渡せる静かな場所で音楽を聴いて過ごしてもらうようにしました。すると、音に過敏に反応したり、イライラしたりする時間も次第に減っていきました。

公園の遊具を拭くデイサービスの利用者

ワンポイント解説

ストレスの軽減のためには、環境調整のほかにも、短時間でも参加できる仕事や役割を見つけられるよいでしょう。安心して過ごせる時間が増えて、意欲を保つこともできます。

48

軽度から中度の認知症の人の困りごと

新聞の写真と見出しのところだけを眺めている

軽度～中度

なぜ

言葉の理解が困難になり文章を読む力が低下する

朝、新聞を読むことが日課だった人が、ぱたりと読まなくなったり、新聞を見る時間が極端に短くなったりすることがあります。**原因としては、さまざまな理由が考えられます。**認知症が進行すると、言葉や意味を理解する力も低下します。また、記憶の障害から新聞記事を読み進めていくうちに、読み始めの内容を忘れてしまうことも多くなります。視空間の障害が起きていて、文字が判読しにくくなっていたり、白内障が原因になっている可能性もあります。

解決のヒント

1 見出しを目で追うだけでも社会に接していると考える

見出しを目で追うだけでも、**社会情勢に接している**と考えましょう。1日の始まりに、新聞が傍らにあるだけでも、気持ちに張りが出ることがあります。新聞を読むのではなく、新聞を見るということでも、大いに意味があります。

新聞の見出しと同じことを、テレビのニュースが伝えていたら「新聞に書いてあるそれって、このニュースね」などと、話題を振ってみてもよいですね。「まったくひどい時代になったものだね」などと、見当違いではない答えが返ってくることがあります。

解決のヒント 2

〝わかることを探す旅〟に出る

活字を追うことが難しくなってきたり、新聞やニュース番組を見たときに疲れてしまったり、理解できない自分にいら立ったりすることがあるときには、気分を変えて、〝本人がわかることを探す旅〟に出てみましょう。旅といっても、天気の良い日に家の近くを散歩するくらいでよいのです。**いつもは気にも留めていない少し遠くの景色を見る**だけで、目や心の疲れがとれるものです。

緑の多い公園や寺社の庭先を歩いてみれば、陽を浴びて咲く花々や、風や空気が胸に沁みてきます。「わかる」というのは、理解したり判断したり、何かができるということだけではありません、自然を感じる力も「わかる力」なのです。

ワンポイント解説

文字が見づらい理由として、遠視や白内障などが進行している場合もあります。文字を読む以外の生活場面でも見え方がおかしいと感じるようなら、眼科の受診をおすすめします。

軽度から中度の認知症の人の困りごと

49 話そうとすると言葉に詰まってしまう

軽度〜中度

なぜ？ 言葉の障害が出てくると孤立しやすくなる

一般に、アルツハイマー型認知症の中度、あるいは前頭側頭型認知症の軽度の段階で、「失語」が生じることがあります。アルツハイマー型認知症の失語は、言いたい言葉を思い出せない「喚語困難」という症状が出ることが多く、前頭側頭型認知症の場合は、言葉の意味そのものがわからなくなる「語義失語」が起きることがあります。**「失語」が起きると、周囲とのコミュニケーションがとれなくなり、孤立感を抱きがちです。**信頼関係のある人を前に、話そうとして言葉に詰まってしまうならば、失語が起きていると考えられます。

解決のヒント 1 伝えること、わかり合うことをあきらめない

失語がある人でも、多くの場合、相手が話している言葉は理解できます。言葉を話せなくなると、家族はずいぶん病気が進んでしまったと思いがちですが、**失語があっても本人に向かって話しかけてください。**返事を引き出せなくても、自分に向き合ってくれる人がいるだけで、安心できるものです。コミュニケーションとは言語だけではありません。

一緒に料理をしたり、散歩や買い物に行ったり、互いの手に触れたりするなかで、互いの目線や

身体の動きから、相手の存在を感じることができます。

解決のヒント ２ 失語が進んでも、わかり合うことをあきらめない

失語があっても文字が読めるなら、**筆談を試みる**とよいでしょう。筆談ができるならば、１００円ショップでも購入できるホワイトボードを使って、言葉のやりとりを行ってみましょう。難しいことは書かず、「はい」「いいえ」で答えられる質問形式でやりとりをしてみましょう。

文字が読めなくなっている人に対しては、筆談ではなく**簡易な言葉で伝えましょう**。失語が起きている人のなかには、家族や周囲の人から話しかけられなくて、自信を失くしていたり、自分はもう話せないと思い込んでいる人が多いのです。

こちらに話を聴く姿勢があれば、言葉に詰まりながらでも伝えようとしてきます。何かをしたいとき、心のなかにある「思い」を伝えられたら、ずいぶん気持ちが楽になるものです。

解決のヒント ３ 聴く姿勢があれば話し出す人がいます

専門職ならば「**傾聴**」という言葉を知っていると思います。話せないと言われていた人でも、互いの信頼関係ができてくると自分からポツポツと話し出す人がいます。話せないのではなくて、話を聞いてもらえないだけだったということが結果的にわかります。

この人なら聴いてくれると思えるようになると、言葉に詰まりながらでも、伝えようとしてくる人がいます。忙しくても、聴く姿勢は大事にしたいものです。

軽度から中度の認知症の人の困りごと

50 台所洗剤と食用油の区別がつかない

軽度～中度

なぜ？ 認識力や理解力、判断力などが低下している可能性がある

認知症が進行してくると、生活上のさまざまなものの使い方がわからなくなり、食器用洗剤の容器に食用油を入れてしまうような間違いが起きることがあります。思わぬ勘違いが次のアクシデントを引き起こし、だんだんと収拾がつかなくなります。

このようなことが起きる背景には、**記憶の障害に加え、理解力、判断力、認識力、注意力の低下が起きている可能性があります。**体調を崩すようなことがあれば、何らかの対策が必要です。本人に間違ったことをしている自覚がないと、介入が困難になることもあります。

解決のヒント 1 認識力が落ちても間違いを起こさない工夫

台所の物の配置を見直して、**できるだけシンプルになるように整理**しましょう。使わなくなった調味料などは思い切って処分するなど、必要なものだけを置いておくようにすることがポイントです。洗剤やスポンジの置き場と調味料の置き場が近くならないように気をつけましょう。

ただし、調味料を扉や引き出しに入れると、探すのに手間取ってしまいます。慌てた拍子に間違えたりするので、目に見えるところに配置します。それでも時間の経過とともにわからなさが増え

ていくことが多いので、一定期間ごとに本人と一緒に、物の配置を見直してみましょう。

解決のヒント ２
昔から使い慣れた品物はわかりやすい

記憶障害の特徴として、新しい記憶から失われていきます。最近取り入れた生活習慣が記憶に残らず、使い方がわからなくなることがあります。しかし、アルツハイマー型認知症の人の場合、長期記憶は保たれているので、**昔から使い慣れた銘柄の洗剤などは見覚えがあります。**食用油も昔使っていた銘柄にすると、わかりやすくなります。

ワンポイント解説

台所にある物品の容器にマジックで大きく「洗剤」や「クレンザー」、「食用油」や「塩」「砂糖」と書いておくとわかりやすくなり、間違いを防止することができます。

51 もう1か月もお風呂に入っていない

軽度から中度の認知症の人の困りごと

軽度〜中度

なぜ? 入浴したくない理由を考えてみよう

「お風呂に入って!」と家族が躍起になるほど、本人は入りたくない気持ちが強くなってしまいます。認知症の人の多くが、病気の進行とともに、一人での入浴が困難になっていきます。衣服の用意、着替え、シャンプーやせっけんの準備、洗身や洗髪、入浴後の身体の手入れ、浴槽や浴室内の清掃など、**入浴に関連する行為は意外に多く、次第に入浴を回避するようになります**。気がつくと1か月も入っていないということが起こります。

解決のヒント

1 できることを自分で行うためのお膳立てをする

認知症が軽度のうちは、入浴の環境を整えて、浴槽に湯を張り、脱衣室を暖めて、着替えの準備をして声をかければ、入浴できる人がいます。また、髪にシャンプーを馴染ませたり、石けんのついたタオルを渡せば、自分で洗髪・洗身ができる人もいます。

事前に着替えを用意しておく、脱いだ服を洗濯機に入れるなど、**できない部分をサポートすれば**、スムーズに入浴できるかもしれません。

こうしたサポートは、ケアプランに組み込めば、介護保険のヘルパーに頼むこともできます。

解決のヒント 2

デイサービスでの入浴を検討しよう

認知症が進行してシャワーの温度調節が難しくなったり、衣服の脱ぎ着の間違えが増えてきたら、デイサービスでの入浴をおすすめします。デイサービスでは、スタッフの見守りのもとで安全に入浴できますし、衣類の着脱など**本人ができることを把握しながら、必要な部分の介助を行います**。高齢者は乾燥肌になりやすいので、必要なら入浴時に保湿剤を塗ってもらうこともできます。

入浴すると身体を清潔に保てると同時に、身体を温めて血液の循環させ、代謝を促進したり、心の緊張をほぐすリラクゼーション効果もあります。

ワンポイント解説

1か月もお風呂に入っていないのに、毎日入浴していると言う人がいます。認知症になるまでは、毎日の習慣として入浴していた人ほど、入浴していない自分を認めることも、想像することもできないのです。もっともそれは、認知症による記憶の欠落が起きているから生じる言動でもあります。

52

軽度から中度の認知症の人の困りごと

お風呂はけっこうです！

軽度～中度

なぜ

入浴中に嫌な経験をしたことはないか

衛生面において入浴が必要な状態でも、「お風呂はけっこうです！」と言って、デイサービスなどで入浴を頑なに拒否される方がいます。

このとき、認知症が進んでいるから忘れてしまうだろうと考えて、**無理に衣服を脱がせたり、シャワーをかけたりすると、入浴＝恐怖という感情が記憶に刻まれてしまいます。**もともとお風呂好きだった人でも、浴室を見ただけで拒否反応が起きることがあります。

解決のヒント 1

「否定しない」ようにかかわる

入浴を拒否されても、**その人の言うことを「否定」しない**ようにかかわることがポイントです。

本人の意思に反するかかわりを行っていると、拒否反応が強く出るだけで、問題の解決には至りません。無理に服を脱がせたりしていると、**怖い思いをした体験がトラウマになってしまう**こともあります。

そうした状況を防ぐために、本人の抱えている困難な状況を理解・共感し、信頼関係をつくりながら、安心して入浴できる環境を整えていくことが必要です。

解決のヒント 2

なぜ「説得」がいけないのか

「説得」は逆効果です。なぜなら、「説得」には、「否定」の意味が隠れているからです。「あなたの理由はもっともですが（しかし）、私の提案のほうが必ずよい結果になりますよ」というような否定の意味がついてくるので、不愉快な気持ちになってしまうからです。

説得を続けた結果、その場に固まって動かなくなってしまう人がいます。そんなときは考え方を変えて、抵抗感の少ない足浴や着替えを提案してみてください。まずは清潔が保たれればよいと考えるところから始めましょう。

ワンポイント解説

誰にでも「自分のことは自分でやりたい」「自分で決めたい」という気持ちがあります。拒否の強い人ほど、自立への意志が強い場合があります。何もかも〝やってあげる〟のではなくて、役割のある過ごし方を取り入れて自立を支援することで、生活の意欲が高まり、笑顔も増えて、主体的に行動できるようになります。

53 いつも同じ服を着て出かけてしまう

軽度から中度の認知症の人の困りごと

軽度〜中度

なぜ？ 服を選ぶことが難しくなっている

服装に無頓着になり、いつも同じ服を着て出かけてしまったり、汚れていても構わず着てしまうのは、**季節や場所に合わせて服を選ぶことが難しくなっている**からです。見当識が低下してくると、季節に合った服を選ぶことが難しくなり、いつも同じ服を着てしまいます。と指摘すると、「好きだから着ているだけ」という答えか返ってきます。本人は、「身体に馴染んだ服のほうが気持ちが落ち着く」と言いますが、特に夏場などは衛生面が課題になります。

解決のヒント 1 着替えをする動機や環境を整えてみる

何着もある服のなかから選ぶのが難しいようならば、**2着程度のなかから選んでもらう**ようにしてみましょう。

着替えをしない状況が続いているときは、あえてデパートなどのように**おしゃれをして出かけたくなる場所に行ってみる**ことをおすすめします。また、子どもや孫との会食の場があれば、気持ちが前向きになり、「清潔な衣類を着ていこう」と思えるようになるかもしれません。気分よく外出できれば、その次の外出も同じように楽しめるようになるでしょう。

解決のヒント 2
清潔が保たれていることが大事だと考える

自分で服を選ぶことが難しければ、清潔な衣類のセットを用意しておき、入浴時に着替えてもらうという方法があります。その場合、脱いだ服は、入浴後にまた着ることがないように、洗濯機や洗濯かごに入れるとよいでしょう。

一人暮らしの人が、なかなか服を着替えられなくなってきたならば、「何日も同じ服を着ている」などとは言わずに、「この服、似合うわよ」と言って別の服をすすめてみましょう。服に袖を通してもらって、「ステキ」「似合うわよ」とほめると、気分がよくなり、生活意欲も高まるでしょう。

ワンポイント解説

認知症の人に限らず、自分の身体に馴染んだ服は着心地がよいものです。認知症の人の気持ちも同じで、身体になじんだ服が心地よく思えるものなのです。

54

軽度から中度の認知症の人の困りごと

Tシャツの前後が判別できない

軽度〜中度

なぜ？

着方の間違いが起きる理由と背景

衣服の前と後ろでは形状が違います。前と後ろを逆に着てしまったときには、肌に触れる感覚に違和感を覚えるものですが、注意力や理解判断力の障害が起きてくると、服の前と後ろを判別できないことがあります。特に、丸首のシャツやジャージのズボンなどは、前後の区別がわかりにくく、間違えやすくなります。

服の着方がわからなくなることを**着衣失行**といいます。睡眠不足だったり、疲労がたまっていたりするだけでも、服の着方がわからなくなることがあります。

解決のヒント 1

着方の間違いを少なくする工夫を考えよう

丸首のシャツやジャージのズボンは、簡単に着ることができますが、その一方で、前後の形状を見分けにくいというのがデメリットといえます。前後を間違えることが増えてきたならば、ジャージのズボンの前側にリボンを付ける、色のついた糸を縫い付ける、アイロンで貼るシールなどで目印をつける、といったように対応してみましょう。

衣服の着脱に問題がなければ、ポロシャツやジッパーのあるズボンにすると、前後の区別がわかりやすくなります。**「今日は何を着ようか」と考えるのは楽しいものです。**おしゃれな服装で出かけることができれば、気分も軽やかになりますね。

解決のヒント ２

できることまで奪わないようにする

家族などが衣服の着脱をサポートするときに押さえておきたいのは、**「手伝いすぎないこと」**です。必要以上に手を出すと、本来はできるはずの動作まで奪われてしまいます。さらには、自立を阻まれたことで意欲が低下したり、無気力になったりしてしまいます。

大切なのは、**できるところは自分自身でやってもらう**ことです。たとえば、着る向き（前後）がわかるようにして手渡せば、着衣の動作ができる人がいます。シャツの両袖に手を通せば残りの動作は自分でできる人もいます。これらの動作は手続き記憶といって、身体が覚えている記憶です。

ワンポイント解説

手続き記憶は、身体が覚えている動作の記憶です。服を着る動作のほかにも、箸を使う動作、鉛筆で文字を書く動作、自転車に乗る動作も手続き記憶が覚えている動作です。

軽度から中度の認知症の人の困りごと

55 亡くなった母に手紙を書こうと思っている

○○○○○ 軽度〜中度

なぜ《なぜ》？

心の支えになってくれた人の存在は大きいもの

認知症が進行すると、夕暮れ時などに、亡くなった人がまだ生きていると錯覚してしまうことがあります。記憶障害が進むと、**新しい記憶から古い記憶へと過去にさかのぼるように記憶が損なわれる**ため、亡くなった人があたかも生きているかのように思い出されることがあります。そうしたことから、手紙を書こうという思いに駆られたのかもしれません。

解決のヒント 1

懐かしいその人に思いを届けよう

懐かしい過去の記憶が呼び覚まされて、現実のように思われても、それを自分の心の中だけに留めておけば、特に何も問題は生じません。しかし、他の人にそのことを話した途端に、おかしな目で見られてしまいます。

これは**中等度に進行したアルツハイマー型認知症の人に生じやすい現象**です。「お母さんが帰ってくるまで待っている」と食事に手をつけない人に対して、「ではお母さんに手紙を書いてみましょう」と言って、実際に手紙を書いてもらい、仏壇の写真の脇に置いてみたら、驚くほど気持ちが落ち着いたという例があります。

その人が現実のように思い出しているのは、幻影ではなくて、紛れもない大切な人なのですから。

解決のヒント 2

お墓参りに行ってみよう

夕暮れ時に認知症の人の気持ちが不安定になることを「夕暮れ症候群」といいます。夕暮れ時になると、過去と現在を取り違えてしまうようなことが起きやすくなりますが、お盆や命日にはお墓参りに行って、亡き人々を懐かしんだり、お花やお供え物に気持ちを託して、家族で昔の思い出を語り合ってみましょう。昔を懐かしみ、語り合うことで、認知症の症状が緩和することもあります。

お墓の前で記念写真を撮って、家に帰ってから額に入れて飾ったり、写真を見ながら、時折り皆でお墓参りに行ったことなどを語り合ったりしてみましょう。

ワンポイント解説

記憶が過去へと遡るように損なわれることを「記憶の逆行性喪失」といいますが、認知症が進行しても昔の記憶が保たれているから、懐かしい過去が思い出されるのです。

記憶の逆行性喪失とは

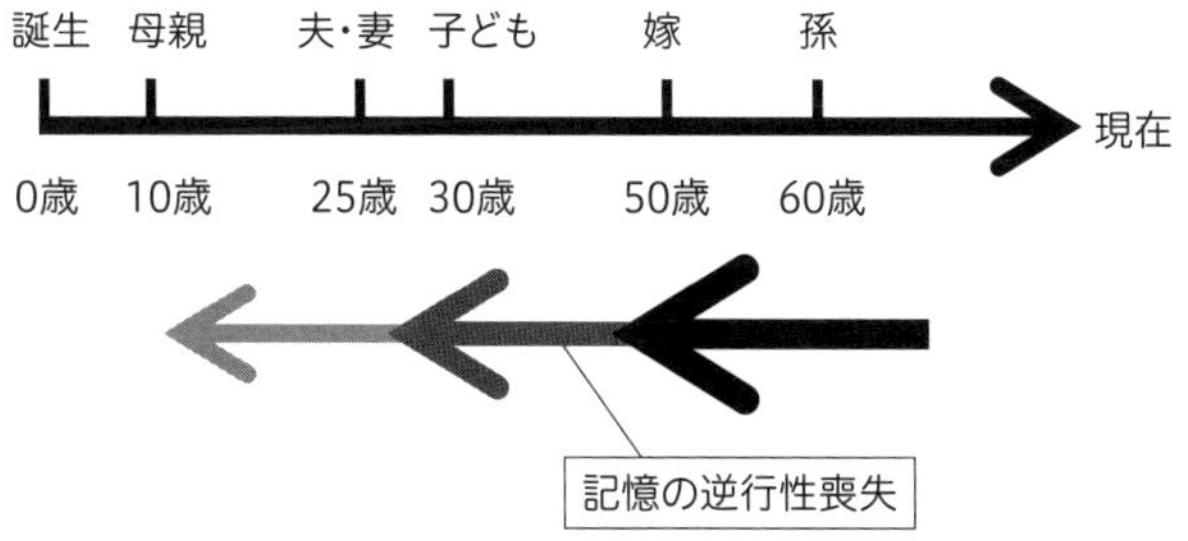

＊記憶の逆行性喪失とは、新しい記憶から過去にさかのぼるように失われるという現象です。

＊夕暮れ時など、不安やストレスにさらされると、この現象は起きやすくなります。

軽度から中度の認知症の人の困りごと

56 夜になるとトイレの場所がわからなくなる

軽度〜中度

なぜ？

夜間トイレの場所がわからなくなる理由はいくつか考えられる

昼間は問題なくトイレに行けるのに、夕方や夜間になるとトイレの場所がわからなくなる人がいます。**夜は視覚的な情報が減少する**ので、場所の見当識が低下するともいわれます。扉が閉まっているだけで、部屋の扉とトイレの扉とが判別できなくなる人もいます。

また、視空間に障害が起きていると、**暗い場所での物の認識が難しくなります**。排泄行為がうまくいかなくなると、本人は自信を失い、家族の負担も増していきます。排泄の問題は尊厳にも密接にかかわるので、適切な対応が必要です。

解決のヒント 1

わかりやすくする工夫のあれこれ

夜間トイレの場所がわからなくなる場合には、廊下やトイレの**明かりを常につけておくことで、認識力の低下を防ぐ**ことができます。ドアが閉まっていてトイレがわからないような場合には、トイレのドアを開けておくという方法もあります。

視空間に障害が起きている場合、廊下からトイレが見えて、明かりもついていれば、一人で排泄できるようになる可能性があります。また、扉に「トイレ」と書いて**認識しやすくする**、トイレまでの道筋を蛍光テープで示す、ホームセンターで販売している簡易な照明を廊下に設置する、という方法が有効な場合もあります。

解決のヒント 2

その人の症状に合った対応策を考えよう

視空間に障害が起きてくると、遠近感がとりにくくなり、物の見え方にも支障が出てきて、暗いところでの見づらさが増してしまいます。トイレまでは行けても、電気のスイッチの位置がわかりづらく、中に入れないということもあります。

白内障が進行してくると、白色の便座や便器が見えづらくなることがあります。そのような場合は、**便座のふたを外したり、便器のふちに沿って色のついたテープなどでラインを引いたりする**と、わかりやすくなる場合があります。

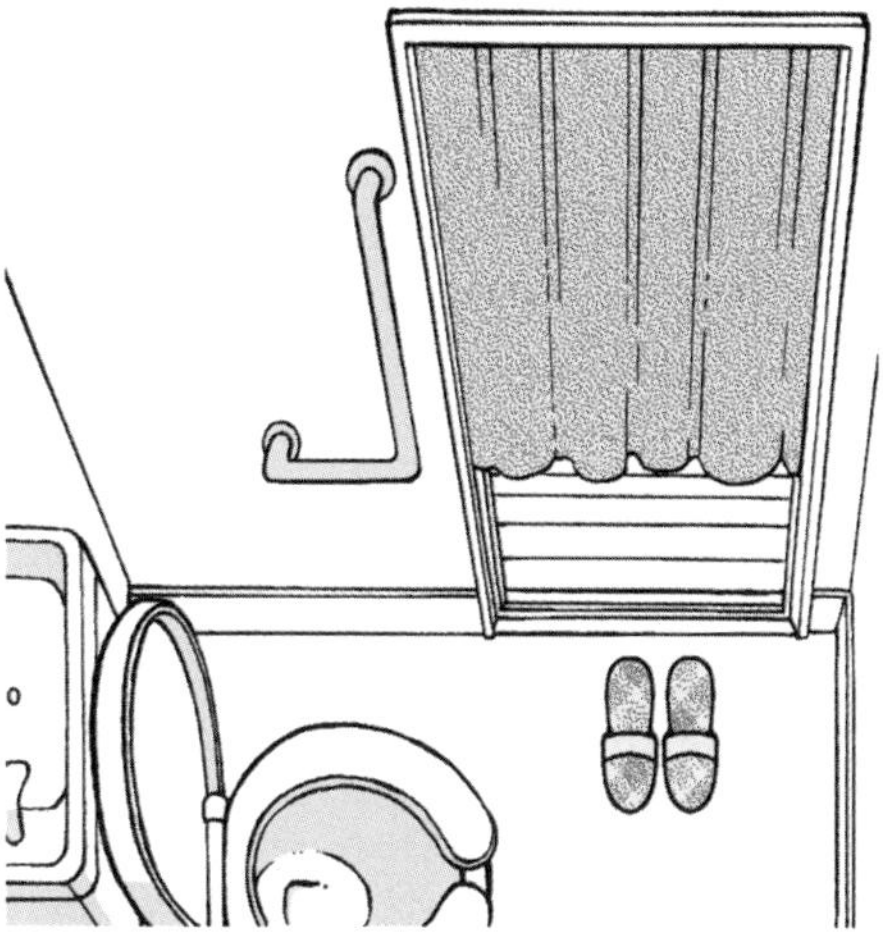

夜間に方向感覚が低下する場合には、家族がトイレまで付き添うというのも選択肢の一つです。

ワンポイント解説

アルツハイマー型認知症の人の場合、倫理観が保たれていることが多くあります。そのため、トイレ以外で排泄するからといって、紙おむつをはいたとしても、パンツの中に排泄するわけにはいかないと考えます。つまり、紙おむつの使用では本質的な解決につながりません。

57 いつも行く店が見つからない

軽度から中度の認知症の人の困りごと

軽度〜中度

なぜ？

いつもと違う路地を曲がっただけで道に迷うことがある

いつもと違う路地を曲がっただけで、まるで見たことのない街並みに遭遇したように感じることがあります。見慣れない風景が広がっていると、次第に心細くなり、知り合いを探そうと周囲を見渡しますが、そんな人影はありません。

そのうちに自分はどこへ行こうとしていたのかも思い出せなくなって、気がつくとだんだん早足になっています。こうした状況の背景には、**記憶や注意力、街並みの認識力の低下、視空間の障害など**、認知症特有のいくつかの障害が関係しています。

解決のヒント 1

通りかかった人に道を尋ねてみよう

買い物に行くときには、買い物リストのメモに「○○町の○○ストア」というように、店の名前も記しておきましょう。話をするのが苦手になっていても、それを見せれば外出の目的がわかって、顔見知りの人でなくても、店まで案内してくれるかもしれません。いつも行く店までの道順を間違えやすくなってきたら、自分で地図を描いて持ち歩き、**地図を見ながら歩く習慣をつけておく**とよいでしょう。

解決のヒント ２

自宅の住所などをメモして持ち歩く

近隣の店まで一人で出かけて帰ってこられるという人であっても、万が一のときを想定した備えが必要になります。同じ道でも、行きと帰りでは違う景色のように見えます。行きは大丈夫だけれど、帰り道で迷いやすい人もいます。そこで、**自宅の場所を書いた地図や住所のメモを財布の中に入れて持ち歩く**と安心です。氏名や家族の連絡先なども書き加えておくとよいでしょう。

携帯電話を持ち歩く習慣がある人なら、**ＧＰＳ機能**を利用すれば、今いる場所を特定することができます。

ワンポイント解説

いつも買い物に行く店の店長さんなどに、認知機能の低下があることを伝えておくと、買い物の仕方がわからなくなったときにサポートを受けやすくなります。

58

軽度から中度の認知症の人の困りごと

あと15分と言われて途方に暮れてしまう

軽度～中度

なぜ

15分がどれくらいの時間なのかがわからない

外出前の忙しい時間に、認知症の人から声をかけられたら、家族は「ちょっと待って」「あと15分」などと言ってしまいがちです。しかし、認知症が進行すると、**「ちょっと」あるいは「15分」というのがどれくらいの時間なのかがわからず**、かえって待てなくなるのです。短期記憶の障害が進行して、5分前の記憶もおぼろげになると、「15分」と言われたことも忘れてしまいますから、すぐにまた「行こう、行こう」と言うことがあります。

解決のヒント

1 今がどんな時間なのか伝えよう

「ちょっと待って」「あと15分」がわからないのならば、今がどんな時間なのか、今何をすればよいのか、**具体的に伝えましょう**。たとえば、「いま料理をしていますからね」「夕食の支度ができましたよ」などと、その都度伝えましょう。

時計の読み方がわからないのは、視空間に障害が起きていたり、**時計の針の示す意味がわからなくなっている**ことが原因なので、練習させて直そうとしても改善は期待できません。かえって自信を失くしたり、怒りっぽくなってしまったりするだけです。

解決のヒント 2

本人のできること、好むことを見つけよう

何もすることがないと、どうしてよいのかわからず、かえって頻繁に声をかけるようになる人がいます。そんなときは、簡単な手伝いを頼んでみましょう。タオルなどの洗濯物をたたむ、サラダ用のレタスを準備する、玉ねぎの皮を剥く、テーブルや食器を拭くなど、生活のなかでできることは案外たくさんあります。

好みの音楽を聴きながら時間を過ごすのもよいでしょう。簡単なことで構わないので、**本人ができること、好むことを見つけて、楽しみながら時間を過ごす工夫**を考えてみましょう。そうすることで、不安から声をかけることが減っていきます。

ワンポイント解説

テーブルや食器を拭く、タオルをたたむなどは、身体で覚えている動作の記憶（手続き記憶）といわれ、認知症が進行しても損なわれない記憶の一つです。

59

軽度から中度の認知症の人の困りごと

一度失敗してから トイレが心配でしかたない

軽度〜中度

なぜ？

トイレの使い方がわからなくなるいくつかの理由

1〜2回排泄がうまくできなかったからといって、**急に認知症が進行したとは考えずに**わからない理由を探ることから始めましょう。

たとえば、**筋力低下から歩行速度が落ちて**いれば、尿意や便意による切迫感があっても、移動に時間がかかり、トイレまで間に合わなくなってしまいます。また、**理解力が低下**してくると、手動式のレバーで水を流すことはできても、温水洗浄便座の使い方がわからなくなることがあります。

解決のヒント

1 排泄のどの部分ができなくなったのかを見極める

排泄には、尿意・便意を感じる→トイレに移動する→ドアを開ける→ズボンを下ろす→便座に腰かける→排泄する→後処理を行う→水を流す→服を整える→手を洗う→ドアを開けて出る、といった一連の流れがあります。それらのうち、どれか一つができなくなっただけでも、排泄に支障をきたします。そのため、**どの行為ができなくなっているのかを見極めることが大切**といえます。

また、刺激の少ない生活が続いていれば、理解や判断力も低下してしまいます。適度な刺激があり、生活リズムが整っていることが、快適な排泄につながります。

解決のヒント ２
失敗に至った原因を把握しよう

過活動膀胱などが原因で急に尿意がきてトイレに間に合わない、前立腺肥大などで尿が漏れ続けてしまう、という状態であれば、泌尿器科に相談することをおすすめします。

一方、認知機能の低下によって排泄に問題が生じることがあります。夜間に方向感覚がわからなくなってきているのか、トイレのドアが認識できないのか、体調に問題があるのかなど、**どこに問題があるのかを把握して、それに応じた対策をとる**ことが大切です。

ワンポイント解説

トイレに行ったことを忘れて頻回にトイレに行く人がいますが、外出先で失敗したくないという不安を抱えている場合があります。出かける前には、外出先でのトイレの場所をあらかじめ確認しておくなど、本人が安心できるようなかかわりが大切です。

軽度から中度の認知症の人の困りごと

60 夜トイレに向かうと廊下をアリの大群が移動している

□□□□□ 軽度〜中度

なぜ？ レビー小体型認知症ではリアルで詳細な幻視が起こることがある

深夜にトイレに行こうとして、ふと廊下を見ると、アリの大群がうごめきながら移動している。レビー小体型認知症ではこのような幻視が現れることがあります。恐怖心からスリッパで叩こうとしているところを家族が見て驚いたという話を聞いたことがあります。なかには、深夜に見た幻視のことを翌朝になって詳細に語る人もいます。

幻視といっても、本人は実際に見ているので、「それは幻ですよ」と言っても納得できません。毎晩このようなことが繰り返されると、家族も本人も疲れ切ってしまいます。

解決のヒント 1

否定せず本人の不安や恐怖感をわかろうとする

本人にとっては、見えていることが事実です。いくら**周囲が否定しても、本人の不安や恐怖心はなくなりません。**家族と安心して過ごせるはずの家が、知らない間に奇妙な生き物たちの住みかになっていると想像してみましょう。

幻視は消えなくても、傍らに理解者がいるというだけで、本人は安心できるものです。

解決のヒント ２

ケアマネジャーや介護職に相談してみよう

家族だけで対応することが困難だと感じたら、ケアマネジャーや介護の専門家に相談してください。**傾聴・受容・共感**に関するトレーニングを重ねた専門職であれば、本人の話を親身になって聴いてくれます。

解決のヒント ３

幻視の症状に気づいたら早めに主治医に相談しよう

幻視の症状に気づいたら、早めに主治医に相談しましょう。幻視に効果のある漢方薬もあります。受診の際には、本人が体験していることをメモに書いて渡すと、主治医に伝わりやすくなります。本人だけでなく、家族の安心のためにも、**症状が軽いうちに相談する**ことをおすすめします。

解決のヒント ４

生活環境の改善に取り組んでみよう

レビー小体型認知症では、床や天井の模様が生き物に見えてしまうことがあります。これを**錯視**といいます。照明のワット数を上げて室内を明るくしたり、カーテンを明るい単色のものに取り替えるだけで、錯視が軽減することがあります。環境を調整することで苦痛が和らぎ、安心が増えるのです。

ワンポイント解説

幻視によって現れる人が自分に危害を加えようとしているなど、幻視がもとになって妄想に発展することがあります。また、注意力が低下すると錯覚が起きやすくなります。日中しっかり目を覚ましておき、生活リズムを整えておくことも大切です。

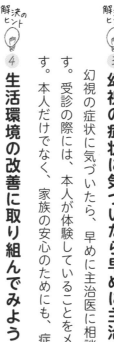

軽度から中度の認知症の人の困りごと

61 家に帰りたいのにまるで方向がわからない

軽度〜中度

なぜ

空間の認識が障害されて、どこに向かっているのかがわからない

私たちは普段から頭の中で地図を思い浮かべて、自分が歩いている場所の位置関係を認識しながら、進む方向を決定・修正して移動します。しかし、認知機能が低下すると、**空間や街並みを認識する機能が低下**して、自分がどこにいるのかわからなくなってしまいます。普段あまり歩かない場所であればなおさらです。

また、時代とともに街の景観も変わるので、目印になっていた建物がなくなると、余計に道に迷いやすくなります。

解決のヒント 1

道に迷ったときのための備えをしておこう

外出中に道に迷った経験のある人なら、次のような「**道に迷っても安心な備え**」をしておきましょう。

❶氏名と連絡先を、衣類や帽子、持ち物に書いておく

❷万が一事故にあったときのために、財布や定期入れに氏名、住所、連絡先、疾患名、かかりつけの医療機関、服薬などの情報を記載したカードを入れておく

❸ヘルプマーク（39ページに記載）をかばんにつけておく

❹よく行く店や近所の人に、「認知機能に不安があるので何かあったときにはサポートをお願いします」と伝えておく

解決のヒント 2　一人では帰れないと思ったら迷わず110番に連絡を

軽度から中度に進行した認知症の人が、自宅からいなくなり、行き先もわからなくなっているようならば、１１０番に電話をかけましょう。そして電話口で、認知症があり、行方不明になったようだから捜索してほしいと伝えましょう。

本人の**名前と生年月日、住所、服装や髪型や持ち物などの特徴と、家を出た時間**を伝えてください。市町村のエリアを捜索して見つからないときや、電車に乗った可能性があるときには、より広範囲を捜索できる広域捜索に切り替えてもらうことをお願いしてみましょう。

ワンポイント解説

警察に連絡する目安としては、外出して30分経っても見つからない場合です。30分を過ぎると、一人では帰れないところまで歩いてしまっている可能性があります。

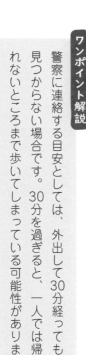

軽度から中度の認知症の人の困りごと

62 暑くてめまいがして立っていることができない

軽度～中度

なぜ

夏場に水分摂取や室温調整ができなくなる状況を理解する

高齢になると、喉の渇きを感じにくくなるため、水分摂取の回数や量が減少しがちです。加えて、**認知機能が低下**すると、お茶を入れるのがおっくうになったり、飲用の水分を用意することを忘れたりします。**筋力が低下**すると、ペットボトルのフタを開けることができなくなります。

また、比較的軽度のうちから、エアコンの使い方がわからなくなって、冷房と暖房の切り替えや室温の設定などのリモコン操作ができなくなる人もいます。**状況の把握や理解が困難**になり、身体の状態を把握できなくなり、脱水からめまいやふらつき、体温の上昇が起こり、気づかないうちに意識障害を起こしていることがあります。

解決のヒント 1

夏場にはスポーツドリンクや本人の好む飲み物を用意しておく

夏場には、**スポーツドリンクや本人の好みの飲み物を手に取りやすい場所に用意**しておきましょう。冷蔵庫に入れて冷やしておいても、それを忘れてしまいます。

また、喉の渇きを感じにくくなっているので、同居の家族が水分をすすめても、飲もうとしません。自分から水分を摂ろうとしない人には、水分だけをすすめるのでなく、**お菓子などと一緒に渡**すと、飲んでくれることがあります。飲み物の好みは人それぞれなので、どんな飲み物が好きなのかを日頃から把握しておくことが大切です。

解決のヒント 2

水分がとれているかどうか確認する方法

認知症が進むと、冷蔵庫の中に何が入っているのかを把握することが難しくなってきます。そうすると、周囲の人の手助けが必要です。日中一人になるようならば、**毎朝１本スポーツドリンクなどをコップに注いで食卓に置いておきましょう。**そして、家族が帰ってきたら、用意していた水分がどれだけ減ったかを確認しておきましょう。

水分を摂らないと、脱水や熱中症のリスクが高まります。体温の上昇やめまい、ふらつき、血圧の上昇は、熱中症のサインです。

ワンポイント解説

スポーツドリンクには塩分が含まれているので、飲み過ぎると血圧を高めてしまいます。腎臓や心臓に疾患がある方は、あらかじめ主治医に相談しておきましょう。

軽度から中度の認知症の人の困りごと

63 散歩の途中で他人の玄関先の花を摘んできてしまう

軽度〜中度

なぜ？

前頭側頭型認知症の人は行動を抑制できなくなることがある

前頭側頭型認知症になると、前頭葉や側頭葉の萎縮が原因で、行動を抑制したり理性で判断したりすることが難しくなります。それによって、人の家の花を摘んできたり、スーパーやコンビニの商品を持って帰ってきたりする、「脱抑制」といわれる行動が起こることがあります。周囲がそれを理解していないと、警察に通報されてしまうこともあります。この病気の特徴として、同じ場所を何度も散歩するといった、同じ行動を繰り返す「常同行動」があります。また、言葉が出にくくなる傾向があり、意思疎通も困難になっていきます。

解決のヒント 1

〝問題のある行動〟を〝問題のない行動〟に変える

散歩する時間帯にデイサービスなどを利用すれば、商品を持ち帰ってしまうことは防げます。ただ、デイサービスを利用中に脱抑制的な行動が現れることがあります。

そのような場合でも、ケアマネジャーに相談したり、認知症の家族会などに参加して情報を得て、認知症の人への対応に長けているデイサービスを利用できれば、本人が好むことをレクリエーションに取り入れたり、役割を担ってもらうことで、〝問題のある行動〟を〝問題のない行動〟に変えることができます。常同行動の内容そのものが変われば、周囲への影響は小さくなるでしょう。

解決のヒント 2　お店の人や近所の人に病気について説明しておこう

本人がデイサービスに行きたがらない場合や、落ち着いて過ごせるデイサービスが地域にない場合もあります。問題が解決できないようならば、まずは**地域包括支援センターに相談してみましょう**。同時に、近所の人や民生委員、店舗に対しても、病気が原因であることを説明し、理解を得るようにしておきましょう。

また、地域では認知症について学ぶ講座や、同じような体験をしている家族や本人が集う「**認知症カフェ**」なども開催されています。認知症があっても地域で暮らし続けるためには、ともに考えてくれる人々との出会いが大切です。

前頭側頭型認知症の主な症状

- 前頭葉と側頭葉が萎縮する
- 性格変化、社会的行動の障害がみられる
- 記憶や見当識は初期には比較的保たれる
- 病識が欠如し脱抑制的な行動が起きる
- 繰り返し行動がみられる
- 甘いものばかり食べるなど食行動が変わる
- 早期から失語が現れる
- 自発性が低下し無気力になる

ワンポイント解説

脱抑制の行動が治まらない場合、精神科などで行動症状を抑える薬が処方されることがあります。しかし、薬の作用で本人の生活能力が損なわれないよう注意する必要があります。

軽度から中度の認知症の人の困りごと

64 街中で転倒してしまい、気づくと周りに人だかりができている

軽度～中度

なぜ

レビー小体型認知症の人は歩行が不安定になり転びやすい

レビー小体型認知症に特徴的な症状として、歩行が小刻みになって歩幅も小さくなるパーキンソン症状があり、それによって転びやすくなります。また、自律神経の障害が起きやすく、起立性低血圧などの**自律神経症状**によって意識がもうろうとして、自力で身体を支えていることが困難になり、失神することもあります。

記憶障害は軽度なので、転倒したときの状況や、転倒した後の周囲の対応を覚えていることがあります。また、実際に存在しない人や虫などが見える「**幻視**」や、壁に着いたシミや模様を人の顔と見間違えたりする「**錯視**」が起きるのも特徴的です。

解決のヒント 1

転倒を防止するために知っておきたいこと

レビー小体型認知症では、小刻み歩行やすり足歩行によって、つまずきやすくなります。身体を回転させづらくなり、方向転換しようとしたときに転倒することもあります。また、血圧の低下も転倒の原因です。転倒予防には、**ポールウォーキング用の両手杖**が効果的なことがあります。

転倒を繰り返すようならば、必要に応じてケアキャップやヘッドギアなどの**頭部保護用の帽子**を

身につけることをおすすめします。

解決のヒント

2 転倒を防止するために家庭でできるリハビリ

パーキンソン症状のある人が家庭でできるリハビリについて紹介します。座ってばかりいると脚力が衰えてしまいます。**生活のなかで運動を行う**ことで、血流を良くしたり、筋肉に刺激を与えることができます。

いすに座って身体を伸ばしたり、手すりなどにつかまって安全に身体を動かしたりしましょう。音楽を聴きながらリズムに合わせて身体を動かすのもよいでしょう。生活の中でできる洗い物や洗濯物たたみ、拭き掃除なども心身へのよい刺激になります。

身体が硬くなってきたと感じたら、無理なく、いすに座ったまま身体をひねったり、後方へ伸びたりする運動もよいといわれています。

解決のヒント

3 意識して歩くだけでリハビリになる

歩幅が小さくなり、すり足になっていても、意識して足を上げて歩くように伝えると、それができる人がいます。歩きたい歩幅に合わせて、廊下に目印のテープを貼ると、上手にテープをまたいで歩くことができます。

必ず介助する人が脇について身体を支えるか手すりにつかまって、**転倒に注意しながら行うこと**がポイントです。パーキンソン症状がある人は、**身体を方向転換する際にバランスを崩して転倒しやすい**ので、注意が必要です。

65

軽度から中度の認知症の人の困りごと

意識が遠のき立っていられなくなる

軽度～中度

なぜ？

血圧が低下すると意識を失い、転倒や尿失禁が起こることがある

レビー小体型認知症の人は、1日のなかで体調の変動があります。自律神経が不安定になり、高血圧になったり低血圧になったりします。

自律神経症状としては、立ち上がったときにめまいを起こす起立性低血圧や転倒、体温調節障害による多汗や寝汗など**さまざまな体調の不調が起きやすくなります。**

頻尿や尿失禁なども起きやすくなりますから、羞恥心に配慮したていねいな対応が望まれます。失禁などが続くと、水分を摂りたがらなくなったり、外出をためらって家に引きこもりがちになったりする傾向があります。

解決のヒント 1

外傷のおそれがある場合は救急車を呼ぼう

外出先で意識を失くして倒れ、頭を打った様子があれば、迷わず救急車を呼びましょう。その際、過去の既往や疾患名、血液型、服用している薬、緊急時の連絡先などを書いたカードを持ち歩いていると、救急隊員に伝えるのに便利です。

「自律神経症状による意識消失だから、そのうち治るだろう」と自己判断せず、医療機関を受診

して、意識消失の原因を調べてもらいましょう。

解決のヒント 2 失神してしまった人へのケアはていねいに！

レビー小体型認知症の人のなかには、介護施設などで頻繁に意識消失や転倒を繰り返す人がいます。ベッドに横になると血圧が安定して、意識が戻ることがあります。

気をつけなければならないのは、**意識を消失しているときでも、本人は職員の声が聞こえている可能性があるということです。**実際にあった話ですが、職員が本人のすぐ近くで侮蔑的なあだ名で呼んだり、介助に手がかかることの愚痴を言っているのを、本人が聞いていて家族に話し、家族が施設に苦情を訴えてきたのです。レビー小体型認知症の人は、記憶障害は軽度なので、そのようなことも考えられます。身の回りで起きたことを詳細に伝えることができるのです。

ワンポイント解説

レビー小体型認知症の人のなかには、気圧の変化に敏感で、天気が悪くなる前日から偏頭痛が出現する人がいます。周囲の人はそうした身体の不調にも配慮することが大切です。

66

軽度から中度の認知症の人の困りごと

玄関に知らない男が立っている

軽度〜中度

なぜ

幻視や錯視が起きているときに強く否定すると余計に困惑してしまう

「そこに男がいるじゃないですか。こんな夜遅くに何しに来たんだろう」。レビー小体型認知症の人がこのように言うことがあります。幻視によって、**人の姿が実際にありありと見える**のです。また、**模様や物を人影などと見間違える錯視**は、レビー小体型認知症に特徴的です。

幻視でも錯視でも、むやみに否定しないことが大切です。本人の話をよく聞いて、人影の見える場所から離れるようにして、音楽を聴くなどして気持ちを切り替えましょう。錯視の場合は、環境を変えることで症状が緩和することがあります。

解決のヒント 1

原因となっているものを取り除くことで見えなくなる

「玄関に知らない男が立っている」と言うときは、「そんな人はいませんよ」と否定してはいけません。実際に男が見えているのか、または、何らかの模様や物品を誤認して人物と思っているのかを確認しましょう。

その人の指しているほうに、コート掛けがあって、コートと帽子がかかっているということがあります。コート掛けを移動させれば、「男の姿が消えた」となる可能性があります。このように、環境の工夫によって物を見誤ることを回避することができます。

解決のヒント 2

環境を変えることで幻視や錯視が起こりにくくなる

レビー小体型認知症の人のなかには、幻視や錯視がひっきりなしに生じる人がいます。薄暗い部屋の暗がりや、ガラスに反射する模様が人影に見えることがあります。

壁紙を明るい色に変えてみたり、ごちゃごちゃしている部屋を片づけたり、窓に模様のない明るい色のカーテンをつけるなどの**環境の調整を行う**ことで、幻視や錯視が消失することがあります。

壁に服がかかっていると、人に見えてしまうので、本人が過ごす部屋はできるだけすっきりさせるとよいでしょう。テーブルの上にこぼれたパン屑がうごめく小さな虫に見えるときには、パン屑を片づければ見えなくなるでしょう。

ワンポイント解説

食卓の上に散らばったパン屑が小さな虫に見えてしまうことがあります。テーブルの上はこまめに片づけて、きれいにしておきましょう。

中度から重度の認知症の人の困りごと

67 「家に帰る」と言って家から出て行ってしまう

中度〜重度

なぜ？ 記憶障害が進行すると過去の記憶が鮮明に思い出されることがある

記憶障害が進行すると、過去の記憶が鮮明に思い出されることがあります。今住んでいる家ではなく、「昔、子どもの頃に住んでいた家に帰る」と外に出て行ってしまうようになると、家族や周囲の人の負担が増していきます。

認知症が中等度に進行すると、ある程度遠くまで歩いて行って一人で帰宅することは困難です。警察庁によると、**2021年に行方不明になった認知症の人は1万7000人**を超えています。捜索の届出をした人の大半はその日に見つかっていますが、発見までに数日かかったり、なかには亡くなってしまう人もいます。

解決のヒント 1 普段から地域の人に話しておこう

一度でも行方不明になったことがあるなら、近所の人に「認知症があり、最近行方不明になったことがある」と話しておきましょう。一人で歩いている姿を見かけたら電話をくれるようにお願いしておくと安心です。**認知症があることを隠すのではなく、信頼のおける人に対しては率直に話しておくと**、日頃から見守りを意識してくれるでしょう。ある程度病気が進行してきたら、地域の人のサポートが大きな助けになります。

行政や警察、市民が連携して探してくれる「認知症の人の見守り・SOSネットワーク」というシステムもあります。お住まいの地域の行政や地域包括支援センターに相談してみましょう。

解決のヒント 2

家族だけで探すのが困難ならば、警察に捜索を頼みましょう

普段から携帯電話を携行している人ならば、位置情報を確認できるしくみがあります。また、警備会社では、専用のGPS端末をいつも身につけておくことで、位置情報が確認できるサービスを行っています。

ただし、こうしたサービスを利用していると、安心感から110番への連絡をためらう傾向があります。家族だけで探すのが難しければ、迷わず警察に相談しましょう。そして、通っているデイサービスなどの介護施設に相談するのもよいでしょう。施設の送迎車が市内を回っているので、その途中で発見できることがあります。

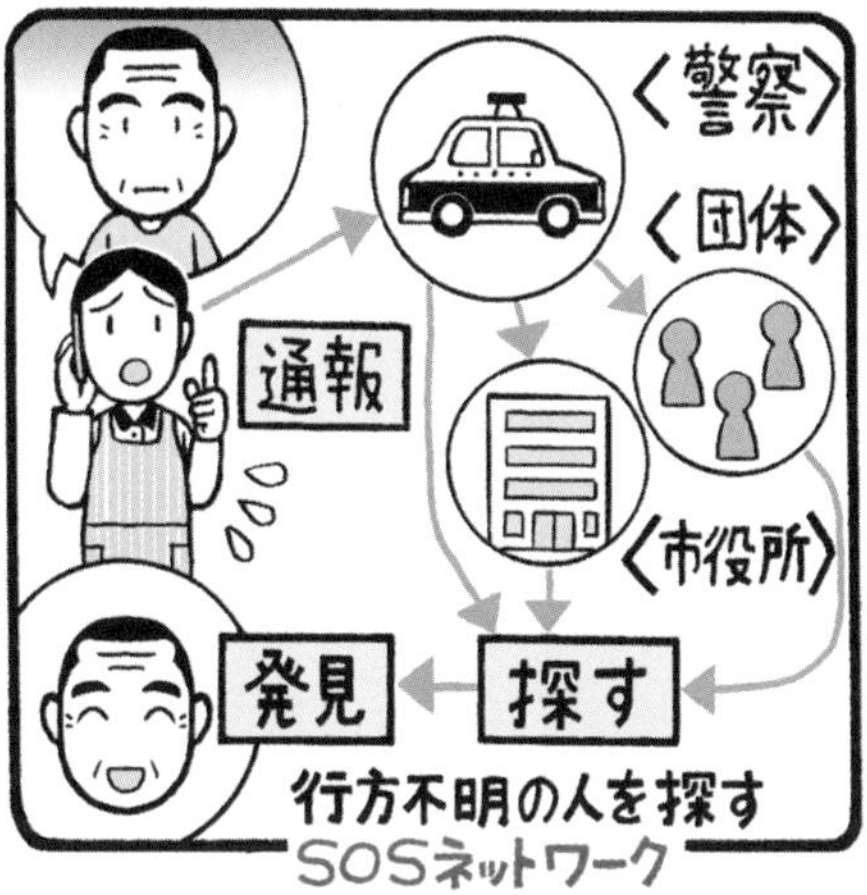

ワンポイント解説

人に迷惑をかけたくないという思いから、家族が捜索願いを出すのが遅くなることがあります。遠くへ行ってしまうと、捜索に労力を要するので早めに警察に相談するよう心がけましょう。

中度から重度の認知症の人の困りごと

68 物事の意味がわからなくなる

中度〜重度

なぜ 意味性認知症では意味の理解が困難になる

意味性認知症になると、意味の理解が困難になります。症状の現れ方は、脳の病変の場所によって異なるといわれています。たとえば、オレンジが描かれたジュースとリンゴが描かれたジュースを並べて、「オレンジジュースを取ってください」と言っても、どれなのかがわからないのです。物とその名前を照合することが難しくなると、生活上のさまざまな場面で他者との意思疎通ができなくなります。

解決のヒント 1 写真やカードを使って意味を補完すること

意味性認知症は失語を伴うことが多いですが、話せなくなっているという自覚はあるので、言葉のリハビリには真面目に取り組む人が多くいます。食べ物や飲み物、歯ブラシや鉛筆などの生活用品の写真を使ったカードをつくって、その名前を言ってもらったり、カードに名前を書いてそれを読んだりする練習が効果的な場合があります。

慣れてきたら、このカードをコミュニケーションの補助する道具として活用できます。物事の理解が困難になってきても、**できること、わかることを探しましょう。**

解決のヒント 2

「わかること、できることノート」をつくろう

意味性認知症では、早期から言葉でのコミュニケーションが困難になります。本人は「何がわかり、何がわからないのか」を知っておくと、関係を継続するのに役立ちます。

そのためにも、「わかること、できることノート」をつくることをおすすめします。わかることやできること、そのための工夫をノートに書いてみましょう。たとえば、言葉ではわからなくても、品物を見せると理解できることがあります。「ご飯」という言葉がわからなくても、出された食事はきちんと食べることができます。「歯ブラシを渡せば歯磨きができる」「トイレで用を足した後、水を流すことができる」などといった、生活の中で当たり前の行為をノートに書き留めておきましょう。

ワンポイント解説

「わかること、できることノート」は、ケアマネジャーやデイサービス職員、ヘルパーなどの介護専門職、主治医にも見てもらい、ケアや治療に活用できるようにしましょう。

中度から重度の認知症の人の困りごと

69 おせっかいなことを言う人がいて腹が立つ

中度〜重度

なぜ

できないことが増えてきて困っているが、他人の手出しは受け入れられない

認知症の本人は、できないことが増えているので、**内心は困っています**。しかし、同居している家族や介護職が手伝おうとすると、拒絶する態度を示す人がいます。かといって、すべて本人の思うようにしていると、服の着方を間違えるようなことが起こります。

このような場合、自分で着たいという**本人の意思を尊重しながら、最小限のサポートを行う**必要があります。

解決のヒント 1

本人が望んだときだけ手伝うようにする

いくら自分で着ると言っていても、ズボンの裾に手を入れてしまったり、シャツの袖に足を通そうとすれば、着替えができません。時間的に余裕があるなら、最初から手伝わずにできるかぎり本人の思うように着てもらった後、難しいところだけを「少しだけ手伝いましょうか」と言うと、「悪いね」などと言って受け入れてくれることがあります。

そのようなかかわりを何度か重ねていくうちに、服を着るときにどの段階で間違えやすいのか、そのポイントが見えてきます。そこで、**その部分をさりげなく手伝うようにする**と、本人も受け入

れやすくなります。

解決のヒント ２
本人の望む立場の人が介助を行う

介助する人によって、本人が受け入れやすいかどうかが変わることがあります。同性介助にこだわらなければ、女性スタッフが対応することで、介助を受け入れてくれるという男性利用者もいます。また、若い女性スタッフの介助は受け入れないが、経験のあまりない若い男性スタッフの介助は受け入れてくれるという女性利用者もいます。

どういう人なら気を許せるかというのは、相性もあって、一人ひとり違います。家族のなかでも、息子の言うことは頑として聞かないが、お嫁さんの言うことだけは聞く人もいます。**介護拒否というのは、本人のプライドと裏表になっている**ことがあるのです。

ワンポイント解説

施設などで介護がうまくいかないと感じたら、自宅ではどのような立場の人が世話をしていたのか確認すると、本人との関係づくりのヒントになることがあります。

中度から重度の認知症の人の困りごと

70 何もする気が起きず食欲もない

中度～重度

なぜ？

認知症の進行とともに意欲が低下して何もする気が起きない

認知症の進行に伴い、意欲が低下して、何もする気持ちが起こらなくなることがあります。気持ちが沈んでうつ的になる状態とは違って、行動を起こそうという気力が起きず、何事にも無気力・無関心な状態を**アパシー**といいます。認知症の進行によって失敗することが増え、自信を失ったり、家族との死別などが原因でアパシーになる人がいます。

何もしないでボーっとしている時間が長くなると、「手がかからなくなって楽だ」と家族は考えがちですが、食欲がない状態が続くと、寝たきりのリスクも高まるので、対策を考える必要があります。

解決のヒント

1 外出して気分を変え、太陽の光を浴びてみよう

自分から身体を動かすことがない人でも、「ちょっと散歩に行ってみましょう」と声をかけながら背中をそっと押すと、歩いてくれることがあります。**太陽の光を浴びるために外に出てみましょう。**歩くのがつらければ、車いすに乗って、公園に咲く花を見たり、子どもたちが遊ぶ様子を眺めるだけでもよいでしょう。

そのような外からの刺激によって、小さな改善がみられることがあります。家族の写真を見ながら話をしてみるのもよいかもしれません。反応がなくても、隣に寄り添い、やさしく身体に触れていると安心が得られ、穏やかな気持ちになります。

解決のヒント 2 わからないことが増えると自信を失くしてしまう

認知症が進行してさまざまな障害が重なると、自信を失いやすく、人と話したり行動を起こす気力が起きなくなります。そのような状態になると、一見すると何もわからなくなっているようにも見えるかもしれません。しかし、本人のなかに残されている興味や関心を会話の糸口にしたり、本人が好む音楽を一緒に聴いたり、懐かしい写真を見たりして、本人の心が動くきっかけをつくることができれば、表情が豊かになったり、笑顔が増えて活動性が増すことがあります。小さなことでも構わないので、**本人の主体性を引き出すかかわりを実践しましょう。**

ワンポイント解説

時間や人の余裕があれば、車いすなどで外出してみましょう。花や緑を眺めながら他愛もない話をしているうちに、笑みが浮かんできて話し始める人がいます。

71

中度から重度の認知症の人の困りごと

予定があるかどうかわからない

中度～重度

なぜ？

予定がわからないために焦燥感が募る人の気持ちを理解しよう

認知症が進行して、少し前のことも覚えていられない状態になると、外出する予定があるかどうかがわからず、鞄の中身を出したり入れたりしたり、**落ち着きなく部屋の中を歩き回る人が**います。「デイサービスのお迎えは9時ですよ」と言っても、少し経つと忘れてしまって、同じことの繰り返しになります。わからないことの不安からトイレが心配になってしまい、**何度もトイレに出たり入ったりする人**もいます。そうしたことが繰り返されると、家族にとっても疲労感が増してしまいます。

解決のヒント 1

その日の予定を書いておこう

これから何をしたらよいかわからないと、気持ちが落ち着かなくなるものです。デイサービスで「何もすることがないのなら帰ります」といって出入口の方へ歩いていく人もいるでしょう。そんなときは、**今日の予定を簡単に書いて、その人の目にとまりやすい場所に貼っておきましょう。**

文字を書けなくなっても、読める人がいます。その人にわかりやすい表現で、小さなホワイトボードにこれからすることを書いて説明するほうが、何もしないよりはずっとよいはずです。

解決のヒント 2

簡単な手伝いをお願いする

落ち着かなくなる時間の傾向がわかれば、その時間に、施設や自宅の玄関先や庭を掃除したり、一緒にゴミ出しをしたりする**簡単な手伝いをお願いするとよいでしょう**。あるいは、本人が好むテレビ番組を観たり、好きな音楽を流すと、気持ちが落ち着くことがあります。

デイサービスの利用者や施設入居者でも、同様に、いすやテーブルを拭いてもらったり、備品の消毒をしてもらってはどうでしょうか。スタッフに余裕があれば、一緒に掃除をする時間を設けてみるのもよいでしょう。

ワンポイント解説

「落ち着かない」人同士でも会話が弾むことがあります。ウロウロ歩いていた人同士でも、相手を見つけてひと言ふた言話しているうちに笑顔になり、楽しそうに話に花を咲かせることもあるのです。

中度から重度の認知症の人の困りごと

72 それが食べ物なのか見当がつかない

中度〜重度

なぜ 適切なサポートで「わかる」ようになる

認知症が進行していく過程で起こる障害の一つに、「**失認**」があります。失認とは、物の理解や認識ができなくなることです。たとえば、食べ物を見ても、それが何かわからなくなるのです。

しかし、人によってわからなさの程度には差があります。ちょっと工夫することでわかったり、本当はわかっているのに、わかっていることを表現できず、わからないと思われていることもあります。**適切なサポートがあれば、「わかる」可能性があるのです。**

解決のヒント

1 本当は「わかる」失認がある

たとえば、出された料理が本人に馴染みのないものだと、食べ方がわからないことがあります。野菜を見ればその名前がわかる人でも、調理され、細かく刻まれた状態になると、どんな野菜を使っているのか見当がつかなくなることがあります。また、にんじんや大根のことはわかっていて、肉じゃがや肉野菜炒めなどの料理を知っていても、名前が言えない人もいます。

しかし、食事を出されたときに言葉で伝えることで、理解を補助できる人もいます。つまり、情報量がもう少し多ければ、「わかる」可能性があるということなのです。

解決のヒント 2

「わかること・できることのアセスメントシート」をつくろう

わかっているのかわからないのか、わかっているけれど表現できないだけなのか。その謎を探るアセスメントシートがあります。専門職の人なら聞いたことがあるかもしれません。そのシートの名は「認知症の人のケアマネジメントセンター方式シート」（センター方式シート）です。

センター方式シートとは、認知症の人の目線で情報を収集・整理して、よりよい暮らしをサポートするためのものです。そのなかに、「焦点情報（私がわかること、わからないことシート）」があります。センター方式シートの強みは、日常の暮らしのなかでのかかわりから、その人のできる力、わかる力、思い、ニーズを探っていけるところです。

D-2 焦点情報（私がわかること・私がわからないことシート）　名前　記入日:20　年　月　日／記入者

◎私がわかる可能性があることを見つけて機会をつくり、力を引き出してください。

◎私がわかる可能性があることを見つけて支援してください。
もうわからなくなったことは放置しないで、代行したり、安全や健康のための支援をしっかり行ってください。

※外見上のわかること・わからないことを把握するだけではなく、わかる可能性があるのか、もうわからないことかを見極めて、該当する欄に✓を付けよう。
※単に動作のチェックではなく、24時間の暮らしのどの場面（時間や朝、昼、夕、夜など）か、その時どんな状況なのかを具体的に記入しよう。

暮らしの場面	私がわかること		私がわからないこと		私の具体的な言動や場面	わかるために必要な支援、わからないことへの代行、安全や健康のための支援	私がわかるように支援してほしいこと
	常時わかる	場合によってはわかる	場合によってはわかる可能性がある	わからない			●私が言ったこと △家族が言ったこと ○支援者が気づいたこと、支援のヒントやアイデア
会話の理解							
私の意思やしたいことを伝える							

ワンポイント解説

センター方式シートは、厚生労働省が設置した認知症の研究機関「認知症介護研究・研修センター（東京、大府、仙台）」により作成され、ホームページからダウンロードできます。

73

中度から重度の認知症の人の困りごと

目の前にあったから食べたのに盗られたと言われてしまう

中度～重度

なぜ

自分の視野に入る食べ物に自然と手が伸びてしまう

何人かで同じテーブルを囲んでいると、知らない間に隣の人のおかずを食べてしまう人がいます。食べてしまったその人にとっては、**視界に入ったおかずを自分のものと思って食べてしまっただけ**なのです。

そうした行為があると、介護施設や病院では「盗食」と記録に書かれてしまうことがあります。「盗る」とは、意図的に他人の物を自分の物にしようとすることです。しかし、意図せずに間違えてしまったのですから、「盗食」ではありません。

大切なのは、このような「**食べ間違い**」を防ぐにはどうしたらよいかを考えることです。

解決のヒント 1

見やすい位置にお盆や器を置くようにする

視空間や視野に障害が起きると、空間の片側にばかり目が向いてしまうことがあります。その場合は、**見やすい側に食事を配置したり、いすをやや斜めに配置したりすると**、食べ間違いが起こりにくくなります。

視覚的な障害がない場合、隣の人と席の間隔をある程度空けておけば、そのような間違いはなくなるでしょう。テーブルを囲む人数が決まっていて、隣の人との間隔が近いときには、食べ間違いが起きないように、テーブルの端の席に座ってもらう方法もあります。

いずれにしても、食事の場面だけでなく、**普段の生活の様子から、視野や視覚の障害が起きていないかを確認しておくことが必要です。**

解決のヒント 2
間違いが起きる他の理由を考えてみる

施設の方針で、食事量を皆一律に決めているとしたら、その量では足りず、満腹感が得られていない可能性もあります。特に、日中の活動量が多い人であれば、そのことを考慮する必要があります。**さまざまな理由から問題とされる行動が起きる可能性があります。**また、前頭側頭型認知症の人で行動の抑制が困難になっていて、ほしいと思ったものに手が伸びてしまうことがあります。大きな皿におかずを盛って皆で食べる習慣があった人は、子どもの頃のそうした習慣が影響していることも考えられます。

ワンポイント解説

さまざまな原因を探るためには、スタッフ間の情報共有が大切です。一人ひとりのスタッフが気づいたことや、得られた情報は、自分のなかだけにとどめておかず、記録やミーティングの場で他スタッフと共有するようにしましょう。

中度から重度の認知症の人の困りごと

74 トイレに行きたいけれど、どこにあるの？

中度〜重度

なぜ？

夜になると場所の見当がつかなくなりトイレがわからない

夜になると、**自分が今どこにいるのかわからなくなってしまうことがあります**。トイレを探して廊下を歩き、ドアを開けてみても、そこには薄暗い部屋があるばかり。さらに廊下を歩いてドアを開けてみたが、トイレは見つからない、ということが起こります。

そんなとき、中重度の認知症の人の場合、玄関に行って、扉の近くで排尿してしまうということが起こります。廊下や室内のゴミ箱、観葉植物などに排尿することもあります。

解決のヒント 1

トイレがわかりやすくなる環境の工夫をする

トイレの場所がわからなければ、誰だってどこかに排尿せざるを得ません。ポイントは**トイレを見つけやすくすること**です。そのためにできることがあれば、いろいろと試してみましょう。

トイレのドアを開けっぱなしにしておく、廊下の照明をもう少し明るくして周囲を認識しやすくする、といった環境面での工夫も有効です。廊下からトイレまでの間が誘導灯がついて足元を見やすくなっていれば、トイレを見つけやすくなりますね。

解決のヒント ２

排泄リズムを整える生活を心がけよう

排泄には人それぞれのリズムがあります。そのリズムを把握できれば、トイレに行きたくなる時間にさりげなく誘導すると、失敗しなくて済みます。

また、朝食後は胃や大腸の動きが活発になり、排便しやすくなりますから、便意がなくてもトイレに座る習慣をつけると、便秘の解消にもつながります。また、ズボンや下着を着脱しやすいものに代えたり、廊下に手すりを付けたり、歩行器を使って移動できるようになると、失敗の回避につながります。

ワンポイント解説

寝ている間に失禁してしまうようなら、紙おむつやパッドを使用するのがよいと思われがちです。しかし、安易に紙おむつに頼ると、自分で排泄しようとする意欲が薄れ、失禁することに慣れてしまいます。トイレで排泄できるうちは排泄習慣を継続することが、心身の健康につながります。

中度から重度の認知症の人の困りごと

75 こんなにお腹が痛むのに周囲の人は平然としている

中度〜重度

なぜ

下剤を服用していることがわからずに苦しい思いをしている

便秘が続くと何度もトイレに行ったり、落ち着きがなくなって施設の廊下を歩き回ったりすることがあります。排便を促すために下剤を用いることがありますが、使用する量が適切でないと、お腹が痛み、苦しくて仕方がありません。こんなに苦しんでいるのに、なぜか周囲の人たちは平然としています。しかも、おむつの中に排便をして、それを介護職に機械的に処理されたら、屈辱を感じない人はいないでしょう。

排泄は人の尊厳にかかわることなので、適切なタイミングでトイレに誘導するのがプロの仕事といえます。

解決のヒント 1

下剤の量を調整して自然排便に近い形を目指す

人によって下剤の効き方は違いますが、できるだけ少量から服用を始めるのが望ましいでしょう。そこから、状況をみて量を調整するよう、医師に相談できればよいと思います。

下剤が効いてきた頃、トイレを探して歩き始める人も多く、そのような頃合いを見計らってトイレに誘えば、**自然排便に近い形で排泄できる**ようになります。

下剤が多すぎると、激しい痛みから、大きな声で叫んだり、暴力の引き金になる不穏な状態を誘発することがあります。また、介助する側が下剤に慣れて、排泄の誘導をしなくなると、トイレに座る習慣もなくなり、腸の動きも悪くなって、自然な排便ができなくなってしまいます。

解決のヒント２

認知症の人の排泄のリズムを把握する

日中落ち着いていられる、楽しさを感じられる、周囲の人との会話が弾む、といったように認知症の人が過ごせる支援を行うのが、専門職の役割です。

そこで大切なのが排泄ケアです。**快適な排泄は、認知症の人の生活の質（ＱＯＬ）を向上させる効果があるのです。**排泄の時間や回数などを正確に記録し、排泄リズムを把握することによって、快適な排泄を実現させましょう。

ワンポイント解説

排泄のリズムを把握するために、本人を支えるチームでアセスメントシートに記入してみましょう。それぞれが気づいたことを記入して共有すれば、チーム力が強化されます。

76

中度から重度の認知症の人の困りごと

いつも意地悪をしてくるあの人が怖い

○○○○○ 中度〜重度

なぜ?

嫌な感情が印象に残ってしまい、特定の人に恐怖感を覚える

理解力や判断力の低下から、医療行為などの意味がわからなくなる人がいます。

たとえば、看護師による血圧測定時に、腕帯で腕が締め付けられる理由がわからずにその行為に嫌な感情や恐怖感を覚える人がいます。それによって、必要以上に緊張したり、腕に力が入りすぎたりして、正しい血圧を測定できないということが起こります。

それが繰り返されるうちに、看護師に対して「意地悪をしてくる人だ」という印象をもってしまい、被害的な妄想に発展してしまうことがあります。

解決のヒント 1

その人にとって安心なかかわりが何かを考える

もしあなたが被害感情の対象者にされていると感じるなら、いったんその人と距離を置くことをおすすめします。認知症の人から逃げているように感じられるかもしれませんが、相手の気持ちを考えれば、あなたが少し遠ざかったほうが安心していられるのです。その人とかかわる業務を他のスタッフに変わってもらいましょう。

距離を置くことで、情動記憶に蓄積されてしまった恐怖感や被害感情を、時間をかけてリセット

させることも可能になります。**その人の「安心」をどのように実現するかは、チームで解決すべき課題なのです。**

解決のヒント 2 忙しさから機械的に業務をこなしていないか

忙しい施設などでは、業務の遂行ばかりに気持ちが向いて、機械的にそれをこなそうとする状況があるかもしれません。そうなると、ケアを受けている人の心の内がわからなくなってしまいます。

そんなときは、ひと呼吸おいて、目の前にいる人の目を見ながら、やさしく手や腕に触れることから始めましょう。

血圧測定を行う場合であれば、**その人にわかる言葉で**、「今からギュッとなるけれど、少しの間だから我慢してくださいね」「すぐ終わりますからね」「ごめんなさいね」など、心に余裕をもって、**やさしい言葉**をかけてみましょう。

ワンポイント解説

入浴したくない人の衣服を無理やり脱がせるような介助をしていると、同性介助であっても強い恐怖心や嫌悪感を抱かれてしまいます。強引な介助を続けていると、浴室を見ただけで不安になり、衣服を脱ぐことが嫌になり、介助に抵抗するようになります。

不安感が常態化すると、送迎車から降りなくなったり、暴言や暴力などの行動・心理症状に発展することがあります。症状の軽減のためにも「強引な介助はしない」が基本になります。

中度から重度の認知症の人の困りごと

77 こんなところにいつまでもいられない

中度〜重度

なぜ?

施設やデイサービスから家に帰りたくなる理由を考えてみよう

施設やデイサービスから帰ろうとする人がいます。理由を聞いてみると、「こんなところにいつまでもいられませんよ」と言ったりします。このようなとき、介護現場では「帰宅欲求」「帰宅願望」と表現されてしまいます。しかし、これは認知症の人の状態を正しく言い表していません。認知症の人の心の理解につながらず、対応の仕方もわかりません。**認知症の人が帰ろうとする背景は何か。**それを探るかかわり方のヒントを示します。

解決のヒント 1

認知症の人の行動や言動の背景を理解しよう

「ここにいる理由がわからない」「自分の意志で来たわけじゃない」「家に娘を残してきたので…」。帰りたい理由は人それぞれです。「レクリエーションが子どもっぽい内容で、とてもやっていられない」と訴えてくる人もいます。

このような場合、施設側としては、「ここにいる理由を正しく説明する」「相手の意思を尊重するかかわりを考える」「子どもっぽいと思われないサービスを提供する」など、**認知症の人の立場を尊重するかかわり**が求められます。

いずれのケースも、認知症の人から困りごとを相談されているという認識に立つことが基本になります。

解決のヒント 2

自分事と思って解決に向けたアクションを考える

あなたが同じ立場ならどう感じるでしょうか。**自分事と考えることが解決の糸口**になります。困りごとを相談されても知らんぷりでは、解決には至りません。

介護施設でよく行われている対応に「ドアに施錠をする」「利用者の行動を防犯カメラで把握する」というのがありますが、これは解決策でしょうか。

それよりは、心配事や施設への不満を抱えている人たちに集まってもらって、状況を打開する施策を話し合ったり、それぞれの困りごとを共有できる場を設けるほうが、子どもっぽいレクリエーションよりよほどよいと、私なら思います。

解決のヒント 3

心配事や施設への不満を話し合う会議をやってみませんか？

こういうことを言うと、ばかげていると思うかもしれません。しかし実際に、帰りたがる人や、**困りごとを抱えている人たちに集まってもらって、不満を解消するための会議を行ってみたことが**あります。

そのときは、要望書を書いて施設の管理者に渡そうという結論になったのですが、会議に参加した当事者たちの表情は明るく、同じ境遇の仲間を得た気持ちも相まって、実際に要望書を書いて持って行ったときには、あんなに困っていた人たちが、どこか誇らしい気持ちにさえなっていたのを思い出します。

中度から重度の認知症の人の困りごと

78 いくら歩いても出口が見つからず焦燥感に駆られる

中度〜重度

なぜ

施錠をしたり出口を隠したりすればするほど不安が募っていく

施設のドアが施錠されたり、出口を隠されたりすれば、かえって帰りたい気持ちが高まり、**焦燥感に駆られる**人もいるでしょう。大きな声を出してドアを叩いたり、ドアを外そうとする人もいます。そうかと思うと、施設の廊下を1日中歩き回る人もいます。出口はどこにあるのか尋ねてみても誰からも返事がなく、**まるで迷路の中に迷い込んだよう**に感じます。それらの行動を抑制するために、**抗精神病薬が処方される**ことも珍しくありません。

解決のヒント 1

その人と向き合って話を聞いてみよう

その人はどこの生まれなのか、どんな仕事や趣味があったのか、何人の子どもを育てたのか、どんな母親や父親だったのか、せっかちな人なのか、穏やかな人なのか、どんな思い出を心にしまっているのか。できれば**その人と向き合って話を聞いてみましょう**。うまく言葉にできなくても、根気よく対話を重ね、その人を知ろうとしているうちに、その人本来の姿がくっきりと浮かぶようになってきます。

そこにいるのは、出口を探して歩いている人ではなくて、個性ある一人なのだとわかり、その人とのかかわり方の糸口が見えてきます。

解決のヒント 2
環境を変えて開放的な場所に施設をつくってみたら…

ここで、少し私自身のお話をしたいと思います。私は、２０１１年に元パン屋さんだったガラス張りの空き店舗を利用して、認知症の人のためのデイサービス「ケアサロンさくら」をつくりました。ガラス張りなので外がよく見えましたが、帰りたいと言ってくる人は驚くほど少なく、施錠もしませんでした。そこでは、行方不明になったり、他の施設では利用を断られた認知症の人たちが過ごしていました。

つまり、**認知症の人とていねいに向き合い、本人と対話を重ね、本人の意欲や笑顔を引き出すケア**が行われていれば、自分らしく落ち着いて過ごせるようになるものなのです。

開設当初のケアサロンさくら

ワンポイント解説

施設の職員とコミュニケーションがとれていて、自分が必要とされていると実感できれば、帰りたい行動が減っていきます。洗濯物をたたむなどの小さな仕事でよいので、楽しくできる役割があると、施設への愛着も増していきます。

中度から重度の認知症の人の困りごと

79 無理やり服をはぎ取られて裸にされて湯をかけられた

中度〜重度

なぜ?

身体の保清のために仕方なく強引な介助を行っている

無理やり服をはぎ取るような行為は、「不適切なケア」です。便の失禁などがあり、陰部が汚れているような状況であれば、早急に身体の保清を行うことが必要でしょう。

しかし、強引に服を脱がすようなことが行われていたら、利用者と職員の間に信頼関係を築くことは難しいでしょう。**不適切なケアが続くと、不安感が増幅しやすく、暴言暴力などの行動・心理症状を誘発しやすくなります。**

解決のヒント 1

「不適切なケアからの脱却」は施設全体への問題提起が必要

まずは身近な仲間に「不適切なケアからの脱却」の方法について相談することから始めましょう。そして、共感する仲間を増やしていき、不適切なケアの改善へ向けた取り組みの必要性を、仲間と一緒に文書にまとめ、同時に不適切なケアを受けている利用者の状況を把握して、一人ひとりに応じたサポートを考えながら、施設を管理する立場の人に相談してみてください。不適切なケアが日常的に行われている施設を変えるのは容易ではありません。しかし、放置しておくと虐待にも発展しかねません。虐待防止の観点からも、**現状を正しく認識し、改善の取り組みを行うことが必**

要になります。

解決のヒント 2 「不適切なケアからの脱却」へ向けた取り組みの実践

「不適切なケアからの脱却」には、職員体制、施設環境、業務量、施設内研修の見直し、職員のメンタルヘルスへの取り組みなどが必要となります。実際、一人の職員で多くの利用者を見なければならず、介護記録などの書類作成に時間を割かれている現状もあります。まずは「不適切なケアからの脱却」をテーマに、管理者を交えて話し合うことが、改善に向けた第一歩となります。

問題を放置すれば、虐待の発生にもつながりかねないのです。また、**問題の放置は職員のモチベーションを低下させる要因**にもなります。こうした改善への取り組みは、高齢者虐待防止の取り組みになるだけでなく、施設の理念や方針を再確認する意味もあり、すべての職員にとって有益です。

ワンポイント解説

令和3年度の介護報酬改定により、介護サービス事業者には、虐待の発生又はその再発を防止するための委員会の設置、研修の実施等が義務づけられています。

資料　高齢者虐待防止に資する研修・検証資料等（厚生労働省ホームページ）

80

中度から重度の認知症の人の困りごと

どんなに説明されても何を言っているのかわからない

中度〜重度

なぜ

意味性認知症では意思疎通に障害が起きている

意味性認知症では、物事の意味がわからなくなります。軽度のうちは、相手が話していることの意図やニュアンスを察したり、理解している言葉をつなぎ合わせたりすることで、会話が成立します。しかし、重度になるにつれて、**言葉でのコミュニケーションが困難**になります。記憶については、軽度のうちは記憶障害が軽度であるといわれていますが、進行に伴い、言葉を思い出して話すこと自体が困難になっていきます。

解決のヒント 1

言葉に頼りすぎないコミュニケーションを大切にする

これから行うことや時間を、イラストや写真を貼ったカードにして見てもらいましょう。本人の得意な活動をカードにして、実施する時間をメモで見せると、理解しやすいと同時に、活動への意欲も高まります。また、**日頃から意味性認知症の人が理解できる言葉を把握しておく**ようにしましょう。何かを伝えたいときは、ボディランゲージも交えて、言葉に頼りすぎないコミュニケーションを心がけることが大切です。

信頼関係があれば、あなたが誰なのかは覚えています

病気が進行しても、信頼関係が築かれていれば、普段からかかわりのある人のことはわかります。たとえ名前や立場がわからなくても、あなたが自分にとって大切な人であること、困ったときに手助けをしてくれる人であることはわかります。

挨拶をするときには、相手の顔を見て、軽く手を上げたり笑みをつくりましょう。その人が言っている意味がわからなくても、周囲の状況やその人の表情などから、その人が何に困っているのか察して対応しましょう。言葉ではなく、**心が通い合う関係を築く**ことが、究極のケアなのですから。

ワンポイント解説

意味性認知症では、言葉の意味の理解や物の名前の想起が困難になります。他者に対しての礼節は保たれ、穏やかな性格な人も少なくありません。前頭側頭型認知症と同様に、記憶や視空間の認知力は保たれていますが、病気が進行してくると同じことを繰り返す常同行動や、自己本位な行動が次第に顕著になっていきます。

中度から重度の認知症の人の困りごと

81 コンビニの商品を持ち帰ることを繰り返してしまう

中度〜重度

なぜ?

前頭側頭型認知症の人の常同行動を理解する

前頭側頭型認知症の症状の一つに、同じ行動を繰り返す「常同行動」があります。その代表的なものが「周徊」です。自宅を出て同じコースを歩いて帰ってくるのですが、道に迷うことがないのが特徴的です。

コンビニに寄って家に帰ってくるという行動を1日に何度も繰り返していた人が、時間を経るにつれて、衝動を抑制できなくなり、お菓子をポケットに入れて持ち帰ってしまうということがあります。

解決のヒント

1 行動特性を理解して対応する

出かけた先で本人の欲求を満たせることがあると、商品を持ち帰るという行為が減少します。何もすることがないから、行く所がないから、コンビニやスーパーなどに行きたくなってしまうのかもしれません。本人の好む楽しみごとを生活のなかに組み込んで、外へ出ていく回数を減らしたり、楽しみごとを家の外に設けることで、**外出したいニーズと楽しく過ごしたいニーズの両方を満たす方法**を考えてみましょう。

解決のヒント 2

周囲の理解を得ることで問題の解消を図る

散歩から帰るたびにポケットの中を確認して、お菓子などが入っていたら家族がお店に行って代金を支払ったというケースもあります。こうした**行動の背景に前頭側頭型認知症という病気があることを知ってもらう**と、店側からのサポートが受けやすくなります。病気についてわかりやすく書かれているパンフレットを渡して説明したことで、理解が得られたという事例もあります。外出先で常同行動が起きて問題になっている場合、地域の人たちの理解が支えになります。

ワンポイント解説

畑仕事が趣味だった前頭側頭型認知症の人にデイサービスで草刈りをしてもらい、土や自然に触れる機会を提供したところ、持ち帰りの行為が減少したという例もあります。

このように、散歩の時間帯にほかの楽しみごとをつくることができれば、問題を小さくすることができます。

82

中度から重度の認知症の人の困りごと

力でバーンとやってしまおうか！

中度〜重度

なぜ？ 認知症の人の暴言や暴力の理由

認知症が進行してくると、大きな声で怒鳴ったり、他の人を叩いたりしてしまう人がいます。**暴言や暴力の背景は一人ひとり違います。**アルツハイマー型認知症の人のなかには、音の聞き分けができなくなり、周囲の音に過敏に反応して大声を上げてしまう人がいます。不安や焦燥感が背景にあって、イライラを抑制できなくなる人もいます。妄想や事実ではない思い込みが引き金になることもあります。失語や判断力の低下が起きていたり、認知症が進行して感情の抑制が効かなくなってくると、暴言や暴力という行動につながったりします。

解決のヒント 1 暴言や暴力がいつどんな背景で起きているのか理解しよう

イライラした行動、**暴力や暴言がどんな状況で起きているのかを、**ノートやメモ用紙に書き留めてみましょう。そのときの様子、時間や場所、介護者の対応、便秘や身体の痛みの有無、本人の気持ちなどを、ケアマネジャーや介護サービス事業所の人たちと共有し、一緒に考える手がかりにしましょう。

このように記録をとることを意識すれば、周囲の人が本人の話を聞くようになり、本人に注意を向けるようになります。本人の立場から考えれば、理解者が増えることで不安な気持ちが軽減され、感情のコントロールができるようになります。

解決のヒント

2 環境やかかわり方の工夫で暴言や暴力が軽減することがある

実は、理由もなく突然怒り出すということはそれほどなくて、暴言や暴力が姿を現す前から本人のなかではイライラが起きていたり、不安や疑心暗鬼が生じていることがあります。失語が起きていて言葉での表現ができなくなっていると、ストレスが高まります。このようなときには、**孤立しない環境**、普段から**コミュニケーションがとれるかかわり**が必要になります。

また、妄想や思い込みが暴言や暴力の引き金となっていると考えられるときには、**否定せず受け止めること**が大切です（肯定するという意味ではありません）。

ワンポイント解説

ケアやかかわりを試みても暴言や暴力が手に負えないと感じたら、早めに専門医に相談しましょう。抗精神病薬などを少量服用することで穏やかになる人もいます。抗てんかん薬が突発的に暴言や暴力のある人に効果的な場合があります。興奮を抑制する効果のある漢方薬もあります。

薬物治療に用いられる主な薬

抗精神病薬	リスパダール （成分名：リスペリドン） セロクエル （成分名：クエチアピン） ジプレキサ （成分名：オランザピン）
抗てんかん薬	バルプロ酸ナトリウム
漢方薬	抑肝散

※いずれも少量から服用を始めて効果のある量を見極めることが必要

中度から重度の認知症の人の困りごと

83 危ないから座っていてと言われても

中度〜重度

なぜ？ Oさんが転倒骨折を繰り返す理由

Oさん（91歳・男性）は、車いすから立ち上がろうとして**転倒・骨折**することを繰り返しながらも、自宅で生活していました。しかし、自宅近くにデイサービスができたため、今後に不安を感じている家族の意向もあり、通ってみることになりました。

自立心が強いOさんは、デイサービスの利用初日から、自分でお盆を下げようと立ち上がって歩こうとしたり、ドアを閉めに行こうとするなど、じっと座っていられない様子です。

そんなOさんを支援するスタッフは、Oさんの思いを尊重したいと考えつつ、転倒・転落などのリスクは避けたい思いもあり、対応に悩んでいる状況です。

解決のヒント

1 Oさんの自立心を支えるケアをしよう

自立とリスクは表裏一体のような関係です。**活動量が増えれば**、生活上のさまざまな**リスクが増加します**。しかし、**危険だからと何もさせなければ**、**心身の機能低下を招いてしまいます**。

デイサービスでは、「Oさんの自立したい気持ちを尊重するが、転倒はさせない」という方向性をとりました。食後にOさんが自分でお盆を下げようとしたら、スタッフがOさんの向かい側からお盆を支えました。また、Oさんが歩き出すと、脇からそっと身体を支えました。

　このように、リスク回避を優先するのではなく、自立した生活を送りたいというOさんの思いを、どうすれば実現できるのかをチームで考えることが大切です。

解決のヒント　2

転倒しても骨折しない体づくりに取り組もう

　デイサービスでもう一つ取り組んだことは、食事の見直しです。たとえば、たんぱく質をしっかり摂れるように、提供する魚の切り身を60ｇから90ｇに増やすなどの対応を行いました。Oさんは650キロカロリーほどある食事を毎回完食しました。

　ある日、公園に紙ヒコーキを投げに行ったとき、Oさんが車いすから立ち上がろうとしたので、スタッフがOさんの身体を支えようとすると、「**そんなことをされては力が入らない**」とOさんは言います。

　デイサービスの利用を始めて半年が過ぎる頃には、自宅でもかなり食欲が回復し、Oさんの身体は筋肉がついて一回りほども大きくなっていました。この頃には転倒しても簡単には骨折しない身体になっていました。

ワンポイント解説

骨折しない身体づくりには充分な栄養を含むバランスのとれた食事が欠かせません。しかし、たんぱく質を摂るだけでは筋肉になりません。運動を行うことで筋肉が強化されます。また、日光浴と運動によってカルシウムの吸収を促進することができ、骨粗しょう症を予防することができます。

中度から重度の認知症の人の困りごと

84 声をかけられたが、かえって怖くて早足になる

中度～重度

なぜ? 認知症が進行すると時間や場所の感覚があいまいになる

認知症が進行すると時間や場所の感覚があいまいになり、自分がどこにいるのか、何の目的で歩いていたのかも忘れてしまい、不安が募ります。何らかの目的があって歩き始めたのに、それを忘れると、どれくらい歩いたのかもわからなくなってしまいます。**夕暮れ**が近づいてきて、このまま帰ることができなければどうなるのかと、**不安**で仕方がなくなります。**不意に声をかけられ**、相手は**知らない人**だったから**怖くなり**、女の一人歩きは**危険**が付きまとうという思いが先に立って、**かえって早足**になります。

解決のヒント 1 行方不明情報の人と特徴が似た人を見つけたときの対処法

行方不明の人を探す情報を防災無線で流す自治体もあれば、携帯にメール送信してくれる自治体もあります。名前や服装、髪形などの特徴を覚えていて、たまたま似た人を見つけたとき、どのように対応したらよいでしょうか。

一番にすべきことは確認することです。まずは情報の発信元である警察署などに連絡して、その人の衣服や身長、髪形などの特徴、どこを歩いているのか、どの方向に向かっているのか伝えま

しょう。それから、その人の少し後ろを歩きながら、頃合いを見て軽く肩に触れて、「○○さんですか」と話しかけてみましょう。不意に声をかけられたその人が早足になっても、何もしないよりはよいのです。逆に、助けてもらえて安心した表情になるかもしれません。こうした場合、**認知症の人は助けてもらいたいけれど、どうしたらよいかわからないでいる**のです。

解決のヒント

2 車を運転しているときに特徴が似た人を見つけたときの対処法

車を運転しているときに、行方不明の情報とよく似た人を見かけたら、車を安全なところに停車して、警察署などへ電話をかけてください。「何時何分頃、○○の交差点付近を歩いている、似たような服装の人を見かけた」と伝えてください。その人が歩いていたのか、立ち止まっていたのか、あるいは歩道などにしゃがみこんでいたのかも伝えましょう。時間に余裕があれば、その人のところへ行って、「○○さんですか」と話しかけてみましょう。相手の**認知症の人は言葉がうまく話せないかもしれません。**頷いてくれたらその人だと理解して、もう一度警察署などに電話してください。

ワンポイント解説

電車に乗った可能性がある場合は、広域捜索に切り替えてもらいましょう。全国の警察に情報が回るので、他県へ移動した場合でも見つけやすくなります。

85

中度から重度の認知症の人の困りごと

歩きすぎて足が棒のように重たい

中度〜重度

なぜ？

家に帰ろうと思って施設の廊下をぐるぐると歩いている

その人は家に帰ろうと思って歩いていますが、記憶が途絶え、時間の感覚もわからなくなっています。それなのに**家に帰りたい思いだけは消えることがなく、同じような景色が何度も現れては過ぎていきます。**

うっかり話しかければ長い時間つかまって仕事に差し支えるからと、施設の職員はその人に話しかけません。歩き続けて足が棒のように固く重たくなります。いったいその人はいつまで歩き続ければよいのでしょうか。

解決のヒント 1

疲れたときに休息できる場をつくろう

施設にも病院にも、居室の前には廊下があります。回廊式といって、ロの字の形をした廊下の施設もあります。回廊式の廊下は「いつまでも歩き続けることができる」ので、徘徊のある認知症の人に好都合といわれ、かつて多く整備されました。

しかし、大切なのは、**疲れたときに休むことができる場をさりげなく準備しておくこと**です。廊下の途中に観葉植物や絵を飾り、ベンチを置いておけば、ちょっと足を止めて休もうと思うかもしれません。

解決のヒント ２

歩き続けること以外にその人にできることはないのか

「徘徊」という言葉には、ただ無目的に歩き続けているというイメージがあります。施設の廊下を歩く「その人」も、職員の目には「何もわからない人」と映っているのかもしれません。

その人は「帰りたい」気持ちがありますが、記憶障害や見当識障害からその目的を実現できないために、歩き続けてしまうのです。

介護職であるあなたなら、少しの間でも足を止めて、その人と話ができれば、**その人がどういう気持ちでいるのか、どうしたいと思っているのか**、わかるかもしれません。まずは足を止めて、その人と向き合うことから始めてみませんか。

ワンポイント解説

挨拶には、あなたを知っていますよという意味が込められています。「元気ですか？」「大丈夫？」のサインでもあります。

挨拶をきっかけに、「ちょっとここに座ってみませんか」と声をかけてみましょう。意外にも、話が弾むなんていうことも起きないとは限りません。

86 歩き疲れて建物の目立たないところに身体を潜めている

重度の認知症の人の困りごと

重度

なぜ？

家を出て歩き続けた末に体力を消耗して休んでいる

一人で家を出て歩き続けてしまい、到底一人では帰れないところまでたどり着いたものの、飲むものも食べるものもなく、体力を消耗して疲れ果て、考えることもできない状態の人がいます。**建物の物陰の目立たないところに身体を潜めるように休んでいます。**行方不明になった人が発見されるのは、たとえば小学校の門柱の陰とか、倉庫の脇とか、目立たないところにしゃがみ込んでいるときなのです。

解決のヒント 1

そのような人を見かけたら声をかける

このような人を見かけたら、通りすぎずに、足を止めてください。そして、その人と目線を同じ高さにして、話しかけてください。その人は汗などで衣服が汚れているかもしれません。靴を片方失くしているかもしれません。おかしな身なりをしているかもしれません。大丈夫と手で合図をするかもしれませんが、疲れ果てて動けなくなっているのかもしれません。

判断に迷ったら、１１０番に電話をかけてください。警察に状況を説明して、「行方不明になった人かもしれません」と伝えてください。その際、その人の衣類や靴を見てください。**名前が書か**

れていたら、その人を介護している人がいる可能性がありますから、その情報も伝えてください。

解決のヒント 2

万が一に備えて日頃から準備をしておく

認知症の人が一人では帰れないことが想定される状態になったら、**持ち物や衣類、靴などに本人の氏名と介護者の連絡先を書いておきましょう。**たびたび家を出て行ってしまうようなら、市町村が実施している行方不明高齢者SOSネットワークに登録しておきましょう。

その他、本人の位置情報を確認できるサービスもありますが、ただしあまりシステムに頼りすぎると、警察に捜索を依頼することをためらってしまい、かえって発見が遅くなることがありますから、注意が必要です。

ワンポイント解説

スマートフォンを持ち歩くことができる人なら、位置情報を確認できるアプリも使えます。電池切れになると使用できなくなるので、他の対策との併用が効果的です。

重度の認知症の人の困りごと

87 自分は捨てられたのかと思うと涙があふれてくる

重度

なぜ？ 在宅生活が困難になり認知症専門の施設に入所した人の気持ち

その人は、1日に何度でも出入り口の前に立って待っています。外から入ってくる人や自動ドアの動くガラスから外へ出ていく人を見ています。自分もその人について外へ出ようかと思うけれど、外へ出たとしてもどこへ行けばよいかわかりません。**どうして自分はここにいるのか、いつまでここにいなければいけないのか、**もしかすると自分は家族から捨てられたのかもしれないと思うと涙があふれてくる。

こんなとき、そっとその人の肩に触れて、傍らにいてくれたり話を聞いてくれる人がいたらどれだけ心強いでしょうか。

解決のヒント 1

どのようにして認知症の人の思いに気づけばよいのか

認知症の人の思いを知ることは、そう難しいことではありません。話を聞かなくても、言葉で気持ちを伝えられなくても、その人が全身で気持ちを語っているという場面は何度もあります。

相手に語ってもらうためには、あなた自身のなかに、真摯に話を聞く姿勢がなければなりません。うなずいたり、相づちを打ったり、「○○なんですね」というように、相手の言葉を復唱して、私はあなたの話を聞いていますよというメッセージを伝えることが大切です。

解決のヒント 2

その人の思いを共有することから始めよう

その人の姿を中心に描いて、周囲にその人のさまざまな思いや願いを記入していくシートがあります（センター方式・私の姿と気持ちシート）。実際に認知症の人の姿を描いてみると、どれだけその人を見ていたのかがよくわかります。その人は普段どんな服装をしているのか、杖やメガネはどんな感じだったのか、思い出しながら描いてもらってから、その人の姿の周りに、その人の気持ちを、推測でもよいので書き込んでいきます。

そうして一人のスタッフの気づきを、他のスタッフの気づきと重ね合わせていく作業を行ってみると、その人の全体像がおぼろげにでも浮かんでくるのです。

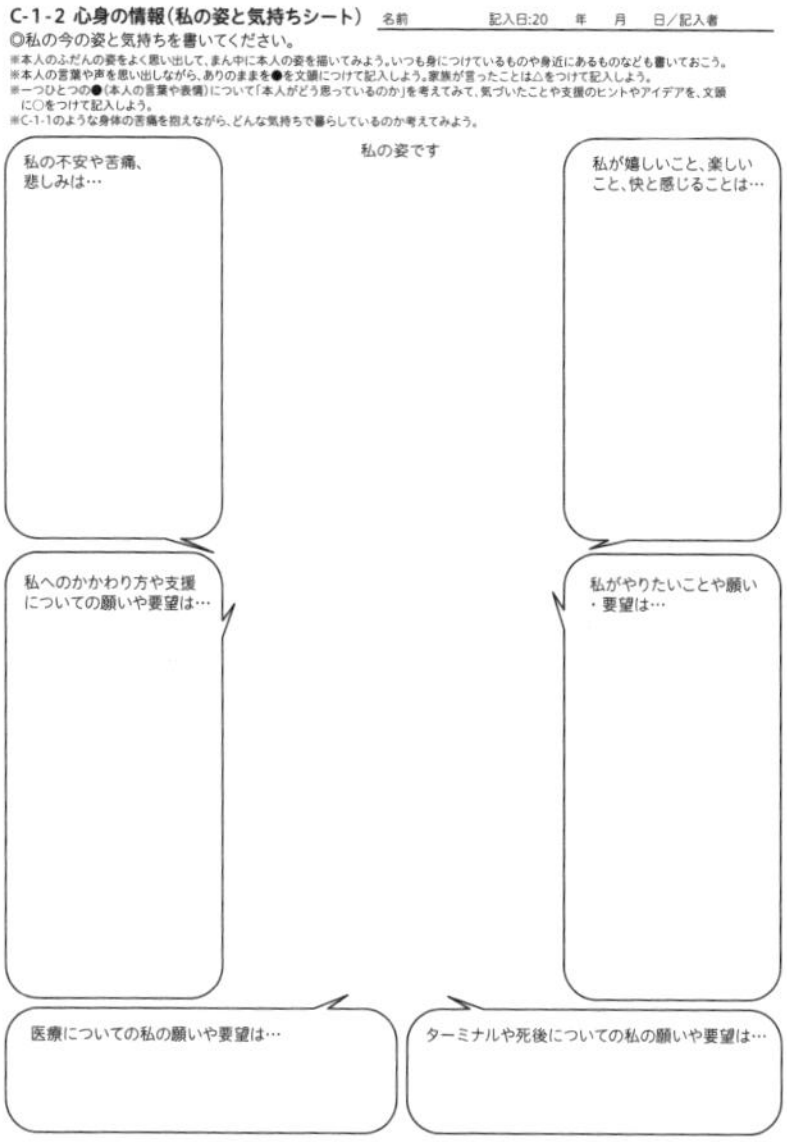
C-1-2 心身の情報（私の姿と気持ちシート）　名前　　記入日:20　年　月　日／記入者
◎私の今の姿と気持ちを書いてください。
※本人のふだんの姿をよく思い出して、まん中に本人の姿を描いてみよう。いつも身につけているものや身近にあるものなども書いておこう。
※本人の言葉や声を思い出しながら、ありのままを●を文頭につけて記入しよう。家族が言ったことは△をつけて記入しよう。
※一つひとつの●（本人の言葉や表情）について「本人がどう思っているのか」を考えてみて、気づいたことや支援のヒントやアイデアを、文頭に○をつけて記入しよう。
※C-1-1のような身体の苦痛を抱えながら、どんな気持ちで暮らしているのか考えてみよう。

私の姿です

私の不安や苦痛、悲しみは…

私が嬉しいこと、楽しいこと、快と感じることは…

私へのかかわり方や支援についての願いや要望は…

私がやりたいことや願い・要望は…

医療についての私の願いや要望は…

ターミナルや死後についての私の願いや要望は…

センター方式・私の姿と気持ちシート

ワンポイント解説

その人の姿を模造紙に描き、周囲にその人の思いや悲しみなど気づいたことを付箋に書いて皆で貼っていき、集まった気づきを整理してケアに活かす方法もあります。「センター方式・私の姿と気持ちシート」はこちらからダウンロードできます。

88

重度の認知症の人の困りごと

いいよ、やらないよと言って動かない

重度

なぜ 意欲が低下すると動くことさえ億劫になる

前頭側頭型認知症が進行すると、かつては毎日幾度となく家を出ては帰ってくる周回行動があった人でも、**自発性や意欲が低下して、動くことが億劫に**なっていきます。

たとえば、終着のバス停に着いても座席から立ち上がろうとせず、周囲が困ってしまったという話を聞くこともあります。本人は周囲を気にする様子もなく、「いいよ」と言って動こうとしないのです。トイレに行くのも億劫になったり、食事の時間になっても食堂へ行こうとしなくなるなど、生活の質が著しく低下してしまいます。

解決のヒント1 その人の尊厳を大事にするケアをしよう

動かないからといって、無理に腕を引っ張るような強引な対応をしてはいけません。その人のそばに寄り添って、そっと声をかけ、脇を支えるようにすると、立ち上がってくれます。

トイレや食事も同様で、その人の傍らからそっと背中を押すようにすると、動いてくれます。いくら言葉をかけても食事を摂ろうとしない人でも、本人の前に食事を置いてそっと様子を見ていると、自分から手を伸ばして食べることがあります。その人の尊厳を大切に、**過干渉にならず、さり**

げなく様子を見守る支援が効果的です。

２ 自発性が低下しても残存機能を活かすことはできる

認知症が進行しても、手続き記憶などを活用してもらい、行動を促すことはできます。何もできないと思わずに、その人にできることを探してみましょう。失語があっても言葉を理解できる人がいます。テレビのリモコンを渡すと、チャンネルを変える人がいます。

自発性が損なわれているだけで、残存機能が残されていることがあります。本人にうまく行動を促すことができれば、自分の力で食事を摂ったり、トイレで排泄したりすることができます。**効果的な支援の方法を探りながら、残存機能を活用するような支援**を行いましょう。

ワンポイント解説

前頭側頭型認知症の人に限らず、その人が抱えている病気の特徴に加えて、その人が歩んできた生活史や性格、かつての趣味や得意だったこと、食べ物の好みなどの個別性を理解して、ケアの仕方やかかわり方を考えることが大切です。

89

重度の認知症の人の困りごと

自分の意思でなく生かされているようだ

○○○○○ 重度

なぜ？

本人の意思や意向が尊重されない環境になっている

認知症が進行していても、本人の意思・意向を尊重することが支援の基本です。しかし、デイサービスや施設では、本人の意向に沿わないケアが行われていないでしょうか。

記憶障害があるから忘れてしまうだろうと考えて、本人の話を聞かず、本人の意向に気づかないでいると、介護拒否が起きたり、ケアスタッフに対して気を許せなくなったり、孤立感が高まっていって、だんだんと無気力になっていきます。

「自分の意志でなく生かされている」という思いの背景には、こうした理由が考えられます。

解決のヒント

1 ケアにかかわるチームで話し合ってみる

少ないスタッフで介護している現状では、できることとできないことがあるでしょう。そんななかでも、ケアマネジャーを中心に、本人の意向に沿ったケアプランを立てて、小さな実践でもよいのでアクションを起こしてみましょう。

本人と会話をするのがケアの基本であるはずなのに、忙しい業務に追われて、本人と話す時間がないという現場の声をよく耳にします。どんな施設でも取り組めることはあります。**自分一人で悩**

まずに、少しずつ仲間を増やして、話し合ってみることから始めてみませんか。

解決のヒント 2 たった一人の改善事例がケアチームを強くすることがある

本人が抱えている生きづらさを知り、かかわり方や環境のあり方をチームで考えると、チーム力が強化されて、本人に対する支援が変わることがあります。することがない、話し相手がいない、話を聞いてもらえない、本人たちがそんな環境に置かれているのであればこそ、利用者の状況を把握し、本人の意向を確認しながら、課題解決のためのアイデアを実践してみましょう。**一人の笑顔をきっかけに、施設全体が明るく変わること**があります。

ケアサロンさくらにおける歌声サロンの様子

ワンポイント解説

ケアサロンさくらでは、一人の利用者が歌を口ずさんでいたことをきっかけに「歌声サロン」の時間を設けました。歌うことができなくても、音楽を聴くだけで昔の思い出が懐かしく思い起こされます。ギターの伴奏に合わせて歌ったり、思い出を語ったり、楽しい時間を過ごしてもらっています。

重度の認知症の人の困りごと

90 何も考えられない、どうしてよいかわからない

重度

なぜ

認知症の進行によって見当識が低下し、考えることも困難になる

認知症が重度になると、時間や場所がわからなくなるだけでなく、人物を認識する力も低下します。衣服の着方もわからなくなり、自分一人では行動がままならなくなってしまいます。**常に誰かの介助が必要な状態になります。**食べ方がわからなくなったり、失語が進行して会話によるコミュニケーションが困難になります。身近で世話をしてくれている人以外は誰だかわからなくなって、自分の子どもの顔がわからなくなることもあります。何かをしようとしても動作にならず、身動きがとれなくなります。寝たり起きたりする動作も人の手を借りなければならなくなってきます。

解決のヒント 1

生活のすべてに介助が必要になっても尊厳やプライドは保たれている

生活のあらゆる場面に介助が必要になっても、**その人の人柄や元気だった頃の面影は残されているものです。**認知症が重度になっても、母親や父親、妻や夫であることに変わりはありません。

また、このような状態になると、快と不快の感情が鋭敏になり、介護拒否のような行動が強く現れることがあります。たとえば、食事介助が不快に感じられると、口を開けてくれないことがあり

ますが、これは食べたくないわけではなく、不快な介助を拒否しているだけなのです。このことは**認知症が重度になってもプライドが保たれていることを示唆しています。**

解決のヒント ②

在宅サービスの力を借りながら自宅での介助を続ける

認知症の人は病院に入院すると抑制を受けることが多いので、**医療や介護の在宅サービスを利用して自宅で生活できれば、**それに越したことはありません。ヘルパーに着替えやおむつ交換などを頼み、自宅に訪問してくれる入浴サービスを利用することができます。飲み込みやすい食事をつくることができれば、自宅での介助は必ずしも難しいことではないでしょう。心配なのは、急な体調の変化やベッドから転落するような不測の事態が起きたとき、医療的処置が必要になったときです。しかし、訪問看護や訪問診療という医療サービスを利用すれば、不安を最小限にして生活することができます。

ワンポイント解説

認知症が進行して重度の状態になったときに、本人の人柄がわかるような生活史や食べ物の好み、元気な頃にしていた仕事、得意な家事、昔の写真などを整理しておき、介護や医療の人たちに見てもらいましょう。

コラム

最期まで互いに思いを伝え合ったご夫妻

198ページで紹介したOさんは、末期の腎臓がんを抱えていました。がんが進行するにつれて体力が徐々に低下していきました。同時に認知症も進行して、生活全般で介助が必要になっていき、次第にベッドから起き上がることも難しくなっていきました。

妻のYさんと二人暮らしのOさんは、いよいよ人生の終末を迎える時期にさしかかっていました。あるとき、ケアサロンさくらの電話が鳴って、受話器を取ると、Oさんの妻からでした。「助けてください！」というYさんの声を聞いて駆けつけると、困惑したYさんとベッドに横たわったOさんがいました。私が駆けつけたとき、Oさんは大きく肩で息をしていました。それは下顎呼吸という死期が近いサインでした。

それからYさんは夫の手を握り、私はOさんの脈をみながら見守っていました。そして、息を引き取っていくOさん。しばらくして、私は「もうご主人は帰ってこないような気がします」と言いました。Yさんは夫を見つめながら、私の言葉にしっかりと、二度頷きました。

Oさんが亡くなる2週間前のことです。よく晴れて、日差しも暖かな桜の咲いていたある日、お二人をお花見に誘いました。デイサービス近くの公園を車いすで散策しているときのOさんは、体調もよさそうで、晴れやかな表情をしていました。満開の桜の木の前で記念写真を撮りました。

Oさんは天体の写真を撮ることが趣味で、そのために高台の上の住宅地に家を建てたのだそうです。「昔は本当に空が近くて、星がたくさん降ってきたの」とYさんが私に話してくれたことがありました。

Yさんは後に、夫が重篤な状態になってから、夫の認知症が「霧が晴れるように消えた瞬間があった」と語ってくれました。互いに思いを伝え合うことも、わかり合うこともできたのだそうです。認知機能が低下していても、ほんの少しの言葉や仕草や瞬きで、わかり合うことができる境地に、ご夫妻ともに到達されたのだと私は思っています。

お花見を楽しむOさんご夫妻

おわりに

私はとても忘れ物が多い子どもだった。学校に行くのにランドセルを忘れたことがある。当時の小学校では、忘れ物の数を棒グラフにして教室の後ろに貼り出されたりした。忘れ物の数では、常に私は最上位だった。

子どもの頃の私は、注意散漫で落ち着きがなく、とても物の覚えが悪かった。学校の成績はいつも最下位のあたりをさまよっていた。身体が小さくて、鉄棒も跳び箱も水泳もからきし駄目だった。そのためかもしれない、介護の仕事に就くようになってから、認知症の人たちの気持ちが手にとるようにわかるときがあった。

相手の気持ちがわかるというが、実は半分は私の思い込みなのである。「思いやる」という言葉が私は好きだ。「思いやり」とは、相手の気持ちを想像して、自分ごとに考え直してみて、想像のなかの相手の気持ちに寄り添うことである。いわば「思いやり」とは自分の心のなかのひそかな「声」でもあるのだ。

デイサービスの仕事を始めた頃のことだ。デイサービスから音もなく抜け出してしまう人がいた。あるとき私は、その人とデイサービスの外へ出て、建物の屋上に上ったことがある。周囲には木や草が茂る森が広がっていた。彼は理工系の大学の教授だったので、植物の性質についてわかりやすく私に教えてくれた。建物の陽の当たらない物陰には苔が生えていて、そんなところにも生命は健気に力強く根を張っていると話してくれたが、そのあと言葉が続かなかった。彼は目に涙を浮かべていた。以来、たくさんの素敵な認知症の人たちに出会うことになる。

今回、この本の原稿を書くにあたり、かつて一緒に汗を流したたくさんの認知症の人や家族や支援者の立場の仲間たちの顔が浮かんだ。みな良い顔をしていた。その顔を思い浮かべながら原稿を書き進めた。認知症は過酷な病気であるが、そんななかにも一筋の光が差すときがある。たった一つの笑顔が、周囲の人たちをねぎらい、心にほのかな明かりを灯してくれるときがある。

人手不足もあって困難を極める介護業界だが、そんな状況にあっても認知症の人たちの手助けになる本を書きたいという思いが募り、2022年5月、中央法規出版第1編集部の郡啓一氏に企画書を送ったのが始まりだった。私の希望で、イラストは漫画家のたちばないさぎさんにお願いした。企画書ができると周囲の人にも見ていただいた。推薦文を書いてくださった日本認知症ケア学会理事長の繁田雅弘医師もその一人だった。

これまでかかわってきたたくさんの認知症の人と家族、支援者の方々に心から感謝の気持ちを表したい。そして、この本を手に取った認知症の本人、家族、支援者の人たちの足元が多少でも明るく照らされて、困りごとの解決の糸口になればうれしく思う。

著者プロフィール

稲田秀樹（いなだ ひでき）

株式会社さくらコミュニティーケアサービス代表取締役

1961年東京生まれ。認知症デイサービスの介護職員、生活相談員、管理者を経て、2011年に鎌倉市今泉台に認知症対応型デイサービス「ケアサロンさくら」を立ち上げ、2016年、認知症の人が地域貢献を行うデイサービス「ワーキングデイわかば」を立ち上げる。2011年、「一般社団法人かまくら認知症ネットワーク」を設立し、代表理事を務める。2023年、神奈川県内で認知症啓発を展開する団体「神奈川オレンジネットワーク」を設立し、代表理事を務める。
デイサービスでの業務の傍ら2005年頃より神奈川県内の家族会に継続して出席し、認知症の方の家族の困りごとに耳を傾ける。また、デイサービスに通所する認知症当事者とともに啓発活動を展開するなど、当事者のわかる力・できる力に着目した支援を実践している。2023年度日本認知症ケア学会石﨑賞受賞。

認知症の人の"困りごと"解決ブック
本人・家族・支援者の気持ちがラクになる90のヒント

2023年8月20日　発行

著　者　稲田秀樹
発行者　荘村明彦
発行所　中央法規出版株式会社
〒110-0016　東京都台東区台東3-29-1　中央法規ビル
TEL　03-6387-3196
https://www.chuohoki.co.jp/

イラスト　たちばないさぎ
装幀・本文デザイン・DTP　次葉
印刷・製本　図書印刷株式会社

ISBN978-4-8058-8927-5